Gerhard Aldinger

Lompa – Alteise – Papier
Jugenderinnerungen eines Fellbacher Urgesteins

Gerhard Aldinger

Lompa – Alteise – Papier
Jugenderinnerungen eines Fellbacher Urgesteins

von Hans-Dieter
8.11.2003

Vorwort

Als meine Frau und ich im Jahre 1992 die Regie und die Verantwortung für unser traditionelles Weingut auf unseren Sohn Gert und seine Frau Sonja übertrugen, waren wir uns bewusst, dass wir uns mit diesem Generationswechsel nicht völlig vom „Geschäft" zurückziehen wollten. Doch die zunehmende Belastung durch die Entwicklung in der Kellerwirtschaft und vor allem der enorme Einsatz im internationalen Wettbewerb wurde von unseren Schultern genommen. Fortan konnte ich mich mehr und mehr meinem Lebenselixier, meinen Reben, widmen. Da meine „Werkstatt" dadurch noch mehr unter den freien Himmel verlagert wurde, kam bei entsprechender Witterung von meiner Frau schon einmal der Hinweis *„Was willsch bei deam Sauwetter draußa do – do jagt mr ja koen Hond naus!"*. Da mir in meinem Leben aber nichts schwerer fällt, als nichts zu tun, setzte ich mich an solchen Tagen eben an meinen Schreibtisch.

500 Jahre Sippe und Weingut, „Wenn die Maura schwätze könntet" und eine „Chronik über die Ernteerträge und Entwicklungen im Weinbau der letzten 200 Jahre" waren das Ergebnis verregneter oder nasskalter Tage.

Nach der Weinernte 2002 durfte ich in der Klasse meiner Enkelin Carolin Jugenderinnerungen erzählen. Die lauschenden Ohren und das Leuchten der Kinderaugen animierten mich schließlich, meinen mitgebrachten Spickzettel zu ergänzen und zu Papier zu bringen.

Dabei verhalf mir, so komisch das auch klingen mag, der Lumpensammler aus früheren Zeiten zum Titel. Denn so wie er Verbrauchtes, Verschlissenes oder Verrostetes vor dem „Vergraben" auf der Müllhalde bewahrt und nach gewissem Aufarbeiten wieder in den Kreislauf zurück führt, habe ich versucht, die wechselhafte Zeit meiner Jugendjahre festzuhalten. Es liegt mir fern, mit dieser Dokumentation Dinge zu verherrlichen oder aber auch Mitleid zu erwecken. Vielmehr denke ich dabei an August Lämmle, der einmal schrieb: *„I´zeig ´em Land sei´ ehrlich´s Gsicht, no geits von selber a Gedicht."*

Zum Geleit

Nicht zum ersten Mal hat Gerhard Aldinger, Seniorchef einer alteingesessenen Wengerterfamilie, Ex-Stadtrat und ein gesellschaftliches Multitalent, zur „Feder" gegriffen, um seine und unsere Heimatstadt Fellbach in einem Erinnerungsbuch zu verewigen. War es vor einigen Jahren die Erkenntnis „Wenn die Maura schwätze könntet", die den Fellbacher Hobbyautor zu einem humorvollen Rückblick auf den Arbeitsalltag, die Sitten und Gebräuche rund um den Weinbau inspiriert haben, so verdankt das vorliegende Buch mit dem beziehungsreichen Titel „Lompa, Alteise, Papier" seine Entstehung eigentlich einer Unterrichtstunde an der Silcherschule. Eine Enkelin Gerhard Aldingers hatte ihren Opa nämlich gebeten, in ihrer Klasse ein wenig über seine Jugenderinnerungen zu erzählen. Und die Lehrerin fand diesen lebendigen „Heimat-kundeunterricht" so hervorragend, dass es Gerhard Aldinger drängte, ein Buch über seine Jugendzeit in Fellbach zu schreiben, um die wechselvollen 30-er und 40-er Jahre des vorigen Jahrhunderts auch der jüngeren Generation dauerhaft zugänglich zu machen.
Gerhard Aldingers neues Buch ist mehr als bloße Schilderung seiner eigenen Jugend geworden. Es beschreibt ein Stück Geschichte unserer Stadt im Kontext der damaligen Zeit- und Weltströmungen. Seine Erinnerungen verklären nicht die seinerzeitigen Verhältnisse – denn es war die Phase des demokratischen Niedergangs in Deutschland, der wirtschaftlichen Not, der diktatorischen Machthaber und des Weltkriegs. Und dennoch ist es kein düsteres und pessimistisches Buch, sondern ein Zeitzeugnis, das den Selbstbehauptungswillen der Menschen, ihren Optimismus im Alltag und ihre großen und kleinen Freuden trotz schwieriger Bedingungen widerspiegelt.

Mit dem ihm eigenen hintergründigen Humor und seiner positiven Sicht der Dinge bringt Gerhard Aldinger die Summe seiner Lebenserfahrungen auf einen einfachen aber klaren Nenner: nämlich das Beste aus den jeweiligen Umständen zu machen, vor die wir alle in unserem Leben gestellt werden. Insofern sind seine Jugenderinnerungen auch und gerade ein Beitrag dazu, der heutigen Generation Mut zu machen, ihren Weg unverzagt zu gehen.
Den Leserinnen und Lesern des Buches wünsche ich viel Freude bei der Lektüre und eine interessante Zeitreise in eine vergangene Epoche unserer Stadt.

Christoph Palm
Oberbürgermeister

Herausgeber: Gerhard Aldinger, Fellbach
Redaktion: Tanja Mayer, Stuttgart-Uhlbach
Gestaltung: Siegfried R. Oehler, Ötisheim
Gesamtherstellung / Verlag: Oehler Offset, Fellbach

© by Gerhard Aldinger, August 2003

ISBN 3-929551-30-6

Inhalt

Vorwort 5
Grußwort 6
Bescheiden, anspruchs- und oft arbeitslos 11
Die schöne Zeit im Kindergarten 14
Straßenverkehr – noch ganz ohne Ampel 18
Die Schulzeit 20
Einfluss durch die Hitlerjugend 24
Schöne Tage trotz schwerer Zeit 25
Weinlese 28
Die alte Kelter: Zeitdokument Fellbacher Geschichte 29
Metzelsuppe 40
Em Wenters 46
Lichtstube 51
Von seriösem und weniger seriösem „Fahrendem Volk" 53
Erinnerungen an schwere Zeiten im Zweiten Weltkrieg 55
Vertrieben von Haus und Hof 68
Not macht erfinderisch 70
Die alten Straßen noch… 72
Treibjagd 78
Zeltlager Nordalb 80
Tatort: 's Wengerthäusle 82
Kein Feuer, keine Kohle kann brennen so heiß 87
Mit 17 Jahren zum ersten Mal im Gebirge 90
Gott zur Ehr, dem Nächsten zur Wehr 93
Neues Leben blüht aus den Ruinen 99
Heimat 104
Danke 105

Bescheiden, anspruchs- und oft arbeitslos

Anfang der 30er Jahre waren weite Kreise der Bevölkerung nicht gerade mit Wohlstand gesegnet. Der Abzug der letzen alliierten Besatzungstruppen aus dem Rheinland wurde zwar gefeiert, doch die große Hypothek von hohen Reparationszahlungen an die Siegermächte des 1. Weltkriegs (damals festgeschrieben bis 1988) belastete unser Land und deren Bürger und stellte eine positive Entwicklung der Wirtschaft auf Jahrzehnte in Frage. Hohe Arbeitslosigkeit (knapp unter 10 Millionen) und witterungsbedingte Fehljahre in der Landwirtschaft und im Weinbau führten zu einem niedrigen Einkommensniveau. Der extrem kalte Winter 1929 (bis zu –28 Grad Celsius) verschärfte die Situation, denn Holz und Kohle, damals die einzigen Energiequellen, wurden Mangelware. Fast ausnahmslos waren pro Wohnung allenfalls eine Stube, ja oft nur über den Kochherd die Küche, beheizt. Das im Rauchabzug des Herdes eingebaute „Schiff" versorgte den Haushalt mit warmem Wasser. Das heute selbstverständliche Bad war für viele von uns damals

Blick vom Kappelberg auf Fellbach, 1931

noch ein Fremdwort. Zwar gehörte zum gehobenen Schlafzimmer schon früher ein sogenannter Waschtisch mit der entsprechenden Garnitur aus Porzellankrug und Waschschüssel, die Nutzung war jedoch allenfalls dem Arzt oder der Hebamme bei der Hausgeburt vorbehalten. In den meisten Haushalten wurde der tägliche Waschvorgang kurz und zackig in einer emaillierten Waschschüssel auf dem sogenannten Schüttstein in der Küche und natürlich meist mit kaltem Wasser abgewickelt. War nach Meinung der Mutter wieder einmal „Baden" an der Zeit, wurde der große Waschkessel in der Waschküche angeheizt. Anschließend lagen in strenger Reihenfolge und selbstverständlich von einander abgeschirmt Vater, Mutter und dann die Kinder in der zinkblechernen Badewanne. Zwischendurch wurde die Schaumkrone abgeschöpft und wer Glück hatte, bekam noch einen oder zwei Eimer Frischwasser zugeschüttet. Auf der Toilette, damals ausschließlich „Plumpsklos", hing an einem Nagel das besonders „flauschige" Klopapier – die Zeitung von gestern.

All diese Bescheidenheit meiner ersten Kinderjahre bekümmerte mich damals noch herzlich wenig, man kannte ja schließlich nichts anderes.

Adolf Hitlerplatz, 1933-1945; Alfons Mayerplatz, 1945; Stuttgarter Platz, seit 1945

Eine Schlange von Arbeitslosen in den 30er Jahren vor dem Rathaus

Der Streit um das interessanteste Fernsehprogramm kam schon gar nicht auf, weil allenfalls und das nur bei den „Reichen" ein Volksempfänger in der Stube stand. Auch ohne „Milupa" und Wegwerfwindeln überstanden wir schließlich das Kleinkindalter. Mallorca vermissten weder wir noch unsere Eltern, weil wohl keiner von uns wusste, wo es lag. Auch die Frage nach dem Sommer- oder Winterurlaub war schnell geklärt, weil es den Begriff „Urlaub" für die meisten von uns damals noch nicht gab. Dafür schätzten wir es noch, wenn wir bei der Maiwanderung beim „Christenbotle" auf dem Kappelberg oder am Ständchen beim Kernenturm eine Brause oder einen süßen Sprudel bekamen.

Die schöne Zeit im Kindergarten

Die Frage nach der bestmöglichen pädagogischen Betreuung im Kindergarten war schnell geklärt, es gab nur zwei: in der Weimerstraße und im Paulus-Gemeindehaus. Vielen von uns „Oberdörflern" ist das „Weimerle" heute noch in meist guter Erinnerung.
Während unten Schwester Sophie die Buben betreute, war das Domizil der Mädchen, also streng nach Geschlechtern getrennt, unter Schwester Hanna, später mit der rotblonden Schwester Martha, im 1. Stock. Dabei waren die Gruppen mit jeweils 100 Buben und Mädchen, verglichen mit heute, keinesfalls unterbesetzt. Zum Tagesablauf gehörten: spielen, vespern (nicht an Hutt's Wurstbude, sondern aus dem mitgebrachten Vespertäschle) sowie singen und biblische Geschichten hören. Vor allem das Basteln war besonders beliebt. Mit Stolz sehe ich noch heute mein Perldeckchen in der „Schönen Stube" des Elternhauses auf dem Buffett liegen. Während die Unartigen auf das „Schandbänkle" in die

Der alte Weimerkindergarten

Ecke verbannt wurden, durften die Buben, wenn sie Geburtstag hatten mit der Burg, die Mädchen mit der Puppenstube spielen.

Bei guter Witterung war der Sandkasten unter dem großen Kastanienbaum ein beliebter Tummelplatz. Für einen Pfennig nickte das „Negerle". Das war schon eine Attraktion, erfuhren wir doch gerade im Weimerle von den meist armen Kindern, die ob der großen Sonnenhitze braungebrannt, ganz weit weg in Afrika lebten.

Stellte man beim Heimweg fest, dass am „Enteng'wend" mal wieder der Lumpensammler war, dauerte es meist nicht lange bis wir Kinder erwartungsvoll mit einem Sack Lumpen zurück kamen und wir wurden dafür mit Bärendreck (Lakritze), Gummibärchen oder einem blechernen Laubfrosch belohnt. Enttäuscht waren wir natürlich, wenn wir von der Mutter einen „Korb" bekamen, weil sie den Lumpenvorrat erst in einen Flickenteppich umgewandelt hatte. Überhaupt bot der Heimweg so manches Sehenswerte. Beim Schmied Schäfer oder Schmied Kirschbaum konnten wir aus gebührendem Abstand beim Beschlagen einer Kuh oder gar beim Aufbrennen eines Pferdehufeisens Zeuge sein. Warum mich persönlich schon damals der Küfer Pflüger in der Schmerstraße am meisten interessierte, wenn dort auf der Straße große Fässer aufgeschlagen und gebrannt wurden, stellte sich 20 Jahre später folgenschwer heraus.

Die Freibank direkt neben dem Weimerle war mitunter der Treffpunkt vieler Hausfrauen, wenn dort von einem notgeschlachteten Rind preisgünstiges Kuhfleisch angeboten wurde. Dabei kam es schon mal vor, dass eine Nachbarin uns „Weimerla" ermahnte schnell heimzukehren, weil zu Hause die Mutter mit dem Essen warte. Doch die weiße Kreide und das Karbid an Schmied Schafferts Werkstattfenster, reizten uns so, dass wenn der Schmied nicht gerade in der Werkstatt war, beides in unserem Vespertäschle verschwand. Der Karbidklumpen flog dann in die nächste Pfütze und brodelte und stank scheußlich vor sich hin, während die Kreidestriche zum „Plattahopfa" aufforderten. Zu Hause im „Siehdichfür" (unser Hausname) gab's dann ob der Verspätung „Brudelsupp".

Ein schwerer Verlust war für mich der frühe Tod meines zwei Jahre älteren Bruders Manfred im Januar 1934. Er starb 6-jährig an Diphterie.

Beim Schmied Schäfer

Vor Pflüger's Küferwerkstatt

Straßenverkehr ganz ohne Ampel

Obwohl Fellbach damals bereits zur Stadt erhoben und mit der Straßenbahn an Stuttgart angebunden, war insbesondere der „Obere Ortsteil" ländlich geprägt. Die Straßen, oft nur geschottert und noch nicht überall kanalisiert, wurden am meisten von Kuh- und Pferdefuhrwerken genutzt. Auf der Hauptverbindungsstraße nach Stuttgart fuhren reihenweise Pferdegespanne mit Ziegeln aus den Waiblinger Ziegeleien. In den Fuhrmannstränken „Salzmanns Garbe" oder gegenüber in der „Harmonie" erfrischten sich die Fuhrleute mit einem Glas Most oder einem Krug Bier. Auf der Straße nach Rommelshausen begegnete man fast täglich den Mühlbauern der „Fischer Mühle", Endersbach, oder der „Geheimen Mühle", Beinstein, beim Transport von Korn oder Mehl. Auf der Heimfahrt kam es nicht selten vor, dass der Rossbauer nach manchem Schnäpsle einschlief, doch die Pferde fanden den Weg zur Mühle allein.

Bierauto der Lutzen-Bräu – später von der Stuttgarter Hofbräu übernommen

Mühlbauer an der Fischer-Mühle

Die erste Konkurrenz zu Pferdefuhrwerken kam mit den vollgummibereiften und kettenangetriebenen Bierautos einiger Stuttgarter Brauereien. Der „Schwarze Frey" (Lindenwirt) erwarb das erst Auto-Taxi und verdrängte damit nicht nur manchen Kutscher, der früher die „Bessere Gesellschaft" von Stuttgart zur Metzelsuppe in den Adler, die Traube, die Krone oder den Ochsen kutschiert hatte, sondern nahm auch dem „Batzerle", dem damals amtlich bestellten „Roßbollasammler", Arbeit und Brot weg. Mitte der 30er Jahre gewann dann das „Motorangetriebene Fahrzeug" zunehmend mehr an Bedeutung. Selbst in der Landwirtschaft traf man immer häufiger Dreiradfahrzeuge der Marken Framo, Tempo oder Goliath. Ihr Einsatz bei leichteren Transportarbeiten wurde natürlich auch von uns „Heranwachsenden" gerne angenommen.

Die Schulzeit

Mit meinem 6. Lebensjahr wurde ich in der „Alten Schule" bei der Lutherkirche (heutiges Rathaus) eingeschult. Dieser neue Lebensabschnitt begann, säuberlich nach den Geschlechtern getrennt, in 2 Buben- und Mädchenklassen. Die damaligen Lehrer der ersten Klassen waren die Herren Fuchs, Seibold, Gut und Walter. Die sanitären Einrichtungen, insbesondere das Klohäusle hinter der Kirche, waren mehr als bescheiden. Die Klassenzimmer selbst waren noch mit Gaslampen beleuchtet. Der Übergang vom „verspielten Kindesalter" zum Ernst des Lebens war für uns Kinder, wie auch für die Lehrer nicht immer leicht. Als mein Vater sich beispielsweise einige Wochen nach der Einschulung nach dem Lernfortschritt seines Sohnemanns erkundigte, erklärte ihm Herr Fuchs: *„Ha, der Kerle wär' scho' recht, aber wenn's dem ei'fällt, no fangt der oifach a' ond pfeift."*

Die unmittelbare Nähe der Schule zur Lutherkirche nützte der damalige Mesner Aldinger indem er die Kräftigsten zu Läutbuben bestellte. Dabei war das Schönste bei diesem Geschäft das Ausläuten. Die Schwungkraft der großen Glocke zog uns, was nicht ganz ungefährlich war, mit dem Glockenseil bis zur Turmdecke.

„Bua, wenn m'r gessa hent, legsch Dein Schulranze uff d'r Wage', mir gehn heut Mittag zom Ebirahäufle ens Weidach." Das waren mitunter die Worte von Vater und Mutter, damit war der heimliche Wunsch oder die voreilige Abmachung mit dem Freund zum Versteckspiel, schnell abgehakt. Wohl oder übel setzte ich mich mit meiner Schiefertafel in den Schatten und beschäftigte mich mit der Hausaufgabe dem Kleinen Einmaleins. Kaum war ich damit fertig, rief mich der Vater, die Kühe zu führen, damit ja jede Häufelfurche gerade verlief. Am nächsten Tag hatte ich mehr Glück. Auf dem Nachmittagsprogramm stand *Wengertfelga em „Kaiser"*. *„Dui Arbet kosch deam Bua bei dera Hitz net zuamuata"*, hot d'Muader gsait ond mi ens Wengerthäusle verwiesa zom Lerna. Schon bald jedoch hörte ich von der Ebene Schreien und Pfeifen, mir war schnell klar, *do deant se kicka*. Mit Riesenschritten stieg ich die Weinbergstaffel hoch und stellte schon bald beim Wetz auf ein Tor den vierten Mann. Obwohl der damalige Sportplatz bei der „Alten Kelter" nur 200 Meter von meinem Elterhaus entfernt lag, sah man es nicht gerne, wenn meine Gedanken und mein Blick manchmal sehnsuchtsvoll dort hinausgingen. *„Bei dem Stauchballes machet se bloß d'Knocha he, d'r Bua*

soll liaber mit uff d'r Acker oder en Wengert, dort hat er au' Bewegung", war die Meinung von Vater und Mutter. Zur Zeit der Heuernte waren Schulferien angesagt. Während der Vater schon in aller Herrgottsfrühe mit dem Dreirad zum Mähen ins Waiblinger Wiesental voraus fuhr, kamen Emma, unser Dienstmädchen, und ich nach der Stallarbeit mit dem Fahrrad nach, wohlwissend, dass uns ein schöner Tag bevorstand. Die Talauen entlang der Rems waren damals fest in Fellbacher Hand. Man half sich gegenseitig beim Zerstreuen, Wenden oder Schöcheln. Zwischendurch ließ man die Sonne arbeiten. Uns reizte es natürlich am meisten, in der Rems zu baden. Am nächsten Tag saßen wir stolz auf dem hochbeladenen Wagen und fuhren den Wintervorrat für die Kühe, das wohlduftende Heu, in die Scheune.

Der Wechsel ins nächste Schuljahr hinüber in die große „Horst Wessel-Schule", war für uns überwältigend. Helle und große Schulräume, eine Turnhalle und Werkräume im Untergeschoss, ein Flötenzimmer und vor allem der große Pausenhof ließen uns schnell vergessen, dass wir von den „Großen" ab und zu unterdrückt wurden.

Die alte Horst-Wessel-Schule, später Stauffenberg-Schule, heute Wichern-Schule

Die Lehrer unserer Zeit waren vielfach von der Richtigkeit der autoritären Erziehungsform überzeugt. Der Tatzenstock stand stets griffbereit beim Kleiderschrank des Lehrers. Dies führte natürlich dazu, dass wir vor manchen Pädagogen mehr Angst als Respekt hatten. Betrachten wir die heutige, doch meist sehr humane Erziehung, so zeigt sich meines Erachtens, wie so oft, dass die Goldene Mitte erstrebenswert wäre. Dabei möchte ich keinesfalls verschweigen, dass auch wir einst nicht immer die reinsten Engel waren und eine harte Hand schon ab und zu am Platze war.

So erinnere ich mich noch gut an einen hartgesottenen, durchtriebenen Mitschüler. Er wohnte unterhalb der damaligen Hermann-Göring-Halle in der ehemaligen Yorkstraße. In dieser Neubausiedlung stellten die Hausfrauen vielfach schon am frühen Morgen ihr Milchkännle auf die Dogge beim Hoftor. Dabei war es natürlich üblich, dass sie die entsprechenden „Zehnerla" in den umgekehrt auf dem Aluminiumfläschchen liegenden Deckel legten. Besagter Mitschüler, meist früher unterwegs als der Milchhändler Kantenwein, kippte, wenn er sich unbemerkt glaubte, den Inhalt des Deckels in die Hosentasche und verschwand auf leisen Sohlen.

Anfangs bewunderten wir diesen Helden, wenn er oft schon am frühen Morgen eine knusprige Brezel, die vier Pfennige kostete, verdrückte oder gegen ein paar Brausetüten vom Nachbarn die Hausaufgaben abschrieb.

Des öfteren schwänzte er auch den Schulunterricht und auf die Frage des Lehrers nach unserem Edelknaben berichtete einmal ein Mitschüler, er habe ihn gestern beim Volksfest auf dem Neckar in einem Ruderboot gesehen. „Ihr holt mir den Burschen umgehend!", hieß die Aufforderung unseres damaligen Lehrers Albrecht. Zunächst verleugnete er sein Treiben auf dem Neckar, musste dies jedoch, in die Enge getrieben, dann zugeben. Aber auch in dieser Verlegenheitssituation war er um eine Antwort nicht verlegen: „Ich hatte in den letzten Tagen eine starke Bronchitis, da hat mir der Arzt Seeluft verordnet." Die Zornesröte im Gesicht und insbesondere an einer von einem Pferdebiss am Hals herrührenden Narbe des Lehrers verhieß nichts Gutes. Wieder einmal kam das Kommando „Rumpf tief, vorbeugen, zählen!" Und schon knallte der Tatzenstecken zehnmal auf den angespannten Hosenboden. Aber auch diese Lektion verhinderte nicht, was Lehrer und Mitschüler schon damals prophezeiten: *„Der wird amol noch meh em Knast als en dr Freiheit sei!"* So kam es dann auch.

Kriegsbedingt wurden im Laufe der Zeit auch viele jüngere Lehrkräfte zum Militärdienst eingezogen. Bereits Pensionierte mussten sich wieder mit dem Lehrplan befassen und brachten uns recht und schlecht Rechnen und Schreiben bei. Unzählige Fehlstunden durch Fliegeralarm, Mangel an Kohlen, Sondereinsätze beim Dachdecken halbzerstörter Häuser oder beim Rhabarber brechen und Johannisbeeren abzupfen bei Schneck und Schönemann, beim Sammeln von Huflattich und Schafgarbe zur Teegewinnung für die Versorgung des Militärs, beim Pflanzen oder Pflücken von Maulbeerblättern zur Fütterung der Seidenraupen und schließlich beim Absammeln von Kartoffelkäfern auf den Kartoffeläckern ließen optimale Lernbedingungen nicht zu.

Wenn wir heute Bilanz ziehen aus dieser unserer Schulzeit, so müssen wir uns fragen, wie wir in acht Schuljahren, die eigentlich aufgrund der von mir aufgezeigten Umstände höchstens sieben waren, zu brauchbaren Menschen erzogen wurden.

Einfluss durch die Hitlerjugend

Mehr und mehr setzte sich der Einfluss des Dritten Reichs und seiner Jugendorganisationen durch. Der Dienst als „Pimpf" oder „Jungmädel" im Jungvolk wurde für die allermeisten zur gern geübten Pflicht. Dabei liegt es mir fern, diese Zeit oder das damalige Regime zu verherrlichen, dafür waren die Folgen viel zu dramatisch. Aber eines steht fest: Vielen von uns sind Freizeitangebote wie Geländespiele, Sternwanderungen oder Zeltlager, um nur einige zu nennen, in bleibender positiver Erinnerung. Insbesondere für die im landwirtschaftlichen Elternhaus Heranwachsenden war diese Art der Freizeitgestaltung ein willkommener Ausgleich zur damals üblichen Feldarbeit. Ob die streng autoritäre Erziehung negative Folgen hinterließ, mag jeder selbst prüfen, der diese Zeit durchlebte. Ich jedenfalls habe mein Leben lang von den Grundsätzen der praktizierten Disziplin profitiert.

Mit dem Jungvolk auf Radtour zum Hohen Neuffen

Schöne Tage trotz schwerer Zeit

Wenn auch die Zeit meiner Kindheit von einem denkbar bescheidenen Lebensstandard geprägt war, Not litt ich nie. Der Jahresablauf hatte auch schon früher Überraschungen parat, allerdings waren die positiven weit seltener als heutzutage. Deshalb war auch die Vorfreude darauf entsprechend. So wäre das Bild meiner Jugenderinnerungen nicht objektiv, würde ich die nachfolgenden sonnigen Tage totschweigen. Der sonntägliche Besuch bei Oma und Opa in der Ziegelstraße brachte gleich mehrere Höhepunkte. Das Versteckspiel hinter den Stapeln von Sprudelkisten oder in der Scheune mit meinen drei gleichaltrigen Vettern machte durstig. Doch dem war schnell abgeholfen. Süßer Sprudel oder Brauselimonade, für mich nicht alltäglich, standen kistenweise im Hof. So gegen 17 Uhr drückte mir Opa eine Reichsmark in die Hand mit den Worten: „*Gerhard, gang g'schwend nom zom Metzger Seibold en d' Karlstroß ond hol' für a Mark Uffschnitt.*" Für die Seniorchefin in der Metzgerei wäre es eine Todsünde gewesen, hätte sie das Sonntagsge-

Bei der Getreideernte, 1939

schäft ausgelassen. Und für uns, Opa und Oma, Vater, Mutter und mich war das außergewöhnliche Vesper eine willkommene Stärkung vor dem Stalldienst.

Über Jahrhunderte boten die gemeindeeigenen Backhäusle als öffentliche Einrichtungen dem Bürger die Möglichkeit, sein Brot oder seinen Kuchen selbst zu backen. Ich erinnere mich noch, dass in meiner Kindheit in der Hinteren Straße, beim „Weimerle", in der Waiblinger Gasse oder bei der Krone im Oberdorf der rauchende Kamin verriet: *do deant se heit wieder bache*. Im Original Fellbacher Ton wurde beim Backen das „ck" mit einem „ch" vertauscht. So gab es immer wieder „Neubaches Brot" und wehe einer war geistig etwas zurück, so war er *„eaba et ganz bache"*.

Wenn der letzte Laib von der Brothange im Keller geholt wurde, war es höchste Zeit sich um Nachschub zu bemühen. „*Bua, gang g'schwend nai ens Bachhäusle ond schreib ons für morga an d' Tafel, ab'r möglichscht net glei' airscht, ond em hoimzuas brengsch vom Bäcka Fischer für 10 Pfennig Hefa ond a bissle Hefel mit, no ka' i' hait abe'd a'lau*" (Sauerteig ansetzen). Das war die klare Anweisung der Mutter. Anderntags war Backtag. In der Holzhütte lagerte jede Menge gebündeltes Rebholz. Es war besonders geeignet, den aus Sand und Schamottesteinen gemauerten Ofen anzuheizen. Auch ohne Thermometer oder Thermostat wusste man, wann die entsprechende Backtemperatur erreicht war. Die Glut wurde heraus genommen und die Asche ausgekehrt. Fing dann ein eingelegtes Stück Papier Feuer, so war der Ofen noch zu stark erhitzt, wurde es dagegen nur angesengt, war die geeignete Backtemperatur erreicht und man konnte einschießen. Schon nach zehn Minuten konnte man Salzkuchen, eine knusprige Spezialität, aus dem Ofen nehmen. Nach rund einer Stunde Backzeit erfüllte der Geruch nach neugebackenem Holzofenbrot das Backhäusle. Zur Kirbezeit waren es oft bis zu zwanzig Kuchen, meist mit Äpfeln oder Zwetschgen belegt und mit Brotbröseln bestreut, mit denen die Mutter die ganze Verwandtschaft versorgte.

Das rußgeschwärzte Innere des Backhäusles mit seiner molligen Wärme bot natürlich auch die richtige Atmosphäre zum „*Schwätza über 's Wetter, d'Zeit ond d'Leut*". *Wer regelmäßig bache hot, der hot uffs Tagblättle verzichte könna. So solls sogar amol vorkomme sei, dass zwoe von deane Backweiber so über ihr Nachbare loszoge häbet, dass se net amol gmerkt hent, wia en zwoe Lausbuba dr Salzkuche zom Backhäusle naus g'stohle hent.*

Auf einen bevorstehenden Geburtstag war natürlich die Vorfreude gleichermaßen groß wie auf das Weihnachtsfest. Wenngleich der Gabentisch gemessen am heutigen, mehr als bescheiden war, so war man für eine Tafel Schokolade, einen Teller Bonbons, für fünf Orangen, ein Paar gestrickte Socken, Strümpfe oder Handschuhe vielleicht dankbarer, als mancher heute für sein Mountainbike oder den Computer.

Die weitgehend ländlich orientierten Bewohner des damaligen Oberdorfs waren vielfach Selbstversorger. Trotzdem existierten noch in den 50er Jahren des letzten Jahrhunderts zwischen der Kappelbergstraße, dem Lindle und dem Bahnhof 42 „Tante Emma-Läden". Ihr Angebot bestand daher vorwiegend aus Erzeugnissen, die man in der Landwirtschaft nicht selbst produzieren konnte, wie beispielsweise Salz, Zucker, Gewürze, Senf, Kaffeeersatz Zichorie (denn Bohnenkaffee gab es allenfalls an Festtagen), Reinigungsmittel wie Kern- oder Schmierseife, Soda usw. Gegenüber meinem Elternhaus im „Siehdichfür" hatte Neckers Emilie, eine alte Jungfer, ihr Lädle auf bescheidenem Raum. Ich erinnere mich noch gut, wie Vater oftmals sagte: *„Bua, gang g'schwend 'nüber zom Emile ond hol für 10 Pfennig Senf"*. Da der Senf nicht gerade zu den täglichen Bedarfsartikeln zählte, hatte der mitunter oben eine Kruste gebildet. Mit einem hölzernen Kochlöffel wurde zunächst die Kruste im Senfeimer tüchtig eingerührt und dann das mitgebrachte Mostglas gefüllt. Der hausgemachten Leberwurst gab er auch so die entsprechende Würze.

Bei einem Brezelpreis von 4 Pfennig oder 21 Pfennigen für ein weißes langes Laible waren damals auch in der Backstube keine Riesenumsätze zu machen und auch der Metzger war oft froh, wenn er zum Pfund „Überzwerchs" (dem Sonntagsbraten) für 10 Pfennig Knochen mitverkaufen konnte.

Der ganze Stolz einer fürsorglichen Hausfrau waren die Vorräte im Keller. Gluckste zur Herbstzeit auf einer Reihe von Mostfässern die Gärspunden, waren die Regale mit Eingemachtem oder Gsälzgläsern gefüllt, stand das Filderkraut in der Stande unter Wasser, schlummerten die Eier im Wasserglas und war der Kartoffel- und Kohlenvorrat reichlich, dann konnte der nächste Winter kommen.

Weinlese

Die Zeit der Weinlese war für uns Buben ein weiterer Höhepunkt im Jahresablauf. Wir hatten Schulferien. Das angesparte Taschengeld, entweder beim Kartoffelernten hart erarbeitet oder von Oma und Opa abgebettelt, wurde in der Schmerstraße bei Karl Aldinger in diverses „Knallsach" umgesetzt. Schon bald wetteiferten Frösche, Schreihälse und Judafürzle im Wengert mit den Böllerschüssen der Weinbergschützen. Zum fröhlichen herbstlichen Treiben durfte schon mal ein Knallfrosch unter dem Rock junger Mädchen tanzen. Der Treffpunkt der ganzen Dorfjugend war dann beim Ausladen an der Alten Kelter. Dabei kam es nicht selten vor, dass am späten Abend der Haussegen schief hing, weil wir uns beim Spielen vergessen und die Stallarbeit versäumt hatten.

Weinlese 1937

Die Alte Kelter:
Zeitdokument Fellbacher Geschichte

Fellbachs Alte Kelter, an der Straße nach Untertürkheim gelegen, war Schauplatz mancherlei Jugenderlebnisse, steht sie doch gerade mal 250 Meter von meinem Geburts- und Elternhaus entfernt.
Bald sind es hundert Jahre, dass dieser wohl einmalige Bau am Fuße des Kappelbergs erstellt wurde. Er hat in dieser Zeit im wahrsten Sinne des Wortes schon manchen Sturm erlebt. Mein 1982 verstorbener Vater war zur Bauzeit gerade acht Jahre alt. Als Vollblutwengerter hat er mir zur Geschichte der Kelter aus seiner Zeit manches erzählt. Um das Bild abzurunden möchte ich daher neben meinen eigenen Erlebnissen auch „Überliefertes" wiedergeben.
Jahrhundertelang, so ist es sowohl aus alten Schriften, als auch aus Funden und Ausgrabungen zu entnehmen, wurden die Trauben nach der Ernte in einem speziellen Tretzuber mit bloßen Füssen getreten. Unter einem eingelegten Holzrost konnte der Saft abfließen. Durch den zusätzlichen Einsatz schon sehr früh entwickelter Baumkeltern wurde die Saftausbeute wesentlich erhöht. Dieser Keltervorgang fand aber immer unter freiem Himmel statt. Wir können auch davon ausgehen, dass hier in Fellbach, am Hangfuß des Kappelbergs, dezentral mindestens sechs Kelterplätze waren. Als Zeitzeugen dieser Vergangenheit stehen heute noch das „Reuttehäusle", das „Immenrothhäusle" und das „Brühlhäusle". Aus meiner Jugend erinnere ich mich noch an das „Gafferhäusle" beim Dietbach, unweit davon an das „Wurmberghäusle" und das „Häusle beim Haldenbach".
Alle diese Hütten trugen dieselbe Handschrift. Auf offenem Boden wurde aus Riegelfachwerk eine kleine Halle von ca. 5,5 x 3,5 Meter errichtet. Die meisten hatten ein Walmdach und waren mit Biberschwanz und Holzschindeln gedeckt.
Nach meinen Informationen dienten diese Hütten den Kelterknechten und Wengertschützen als Unterkunft bei Wind und Wetter. Am offenen Feuer hielten sie Nachtwache, mussten die Keltergeschirre, die ringsum unter freiem Himmel standen, bei Regen mit Brettern abdecken und ansonsten darauf achten, *„dass nit Schindluder getrieben wurde"*.
Etwa ab Mitte des 19. Jahrhunderts ging man dann daran die Keltern zu zentralisieren und an den Ortsrand zu verlegen. So wurde beispielsweise 1847 die Dietbachkelter mit drei Kelterbäumen an die Nordseite

Die alte Kelter. Sie erlebte mit der Missernte 1939 ihre letzte Keltersaison.

der Untertürkheimerstraße (heutiges Freibadgelände) versetzt. 1906 musste die frühere Kelter einer zentralen Gemeindekelter Platz machen (unserer heutigen „Alten Kelter"). Hier lösten schon vier moderne, hydraulisch angetriebene Korbpressen das alte System der Baumkeltern und Spindelpressen ab.

In diese Zeit fällt auch die Neukonstruktion einer Traubenmühle durch den Fellbacher Wagner Neef. Erstmals war es mit ihr möglich, die Beeren von den gerbstoffhaltigen Stielen zu trennen (entrappen). Erwähnenswert erscheint mir noch, dass alle diese Keltereinrichtungen öffentlich und für jedermann einzusehen waren.

Dadurch war eine Überwachung der Kelterordnung und des Kelterbannes ebenso gewährleistet, wie die bis zum Jahr 1849 vorgeschriebene Abgabe des „Zehnten". Niemand durfte – wie im Kelterbann nachzulesen ist – *„Bey hoher unausbleiblicher Straf Trauben in sein Haus, Scheuren oder ander argwöhnisch Orth tragen!"*

Erst wenn der Zehnte entrichtet und andere den Wein betreffende Abgaben geleistet waren, durfte der Wein an den sogenannten „Weinherren" verkauft werden.

Die Fellbacher Keltern gingen 1851 von den Feudalherren in den Gemeindebesitz über. Fortan war also die Gemeinde für den Bau und die Unterhaltung verantwortlich.

Der Weinbau war zu dieser Zeit die Haupterwerbsquelle der Fellbacher. Die Volkszählung von 1905 erbrachte die Zahl von 542 bäuerlichen Betrieben mit einem durchschnittlichen Besitz von 0,5 ha Rebfläche. Jeder zweite, der damaligen Erwerbstätigen, war in der Landwirtschaft tätig.

Mit der wachsenden Bedeutung der Weinvermarktung, wurde der Kelterbau über rein praktische Erwägungen hinaus auch zu einer Prestigefrage. Die Keltern rückten näher an die Bebauung heran und wurden zu stattlichen, ortsbildprägenden Bauten. Dimension und Ansiedlung am Ortseingang sollten den Ankommenden zeigen, wer man ist – und was man hat.

Im Gemeinderatsbeschluss von 1905, der den Neubau einer großen zentralen Gemeindekelter zur Grundlage hatte, heißt es in der Begründung: Die Herbstgeschirre sollten während der Weinlese unter Dach aufgestellt werden können, was sicher dazu beitragen wird, dass sich die Weinpreise höher gestalten werden.

Der enorme Platzbedarf in der zu erbauenden Kelter war bedingt durch die noch bis zum Zweiten Weltkrieg übliche offene Büttengärung. Eine gleichzeitige Vergärung des Leseguts von 500 Weingärtnern erforderte ein riesiges Platzangebot.

Nach den Plänen von Bauinspektor Fritz, einem Bruder des damaligen Schultheissen, und unter Leitung des Fellbacher Bauwerkmeisters Aichinger entstand dann im Jahre 1906 die wohl größte Gemeindekelter Württembergs.

Mit einem Kostenaufwand von 120.000 Goldmark und einem Grundriss von 94 x 30 Meter wurde sie zum stattlichsten Bauwerk von Fellbach.

Während das Richtfest noch termingemäß gefeiert wurde, fiel die Eröffnung des Prachtbaus buchstäblich ins Wasser. Der vermehrte Auftritt von Pilzkrankheiten und ein schlechter Witterungsverlauf führten zu einem ganz geringen Ertrag und einem sehr schlechten Zustand der wenigen Trauben. Man beschloss, die Kelter mit diesem minderwertigen Jahrgang nicht einzuweihen. Dies wurde dann im nächsten Jahr, in dem auch der Flecken mit Gaslaternen ausgerüstet wurde, nachgeholt.

Die jährlich wiederkehrende Nutzung der Kelter war naturgemäß zeitlich begrenzt und erstreckte sich allenfalls auf einen Monat. In nachfolgendem kleinen Erlebnisbericht möchte ich versuchen ein Stimmungsbild aus der Kelterzeit zu zeichnen:

D´r Wei´herr kommt
Beim A´lau (Ablassen)

„Muader, hait müaßt d´r da Stall alloi mache, i hau me uf halb neune zom Presse schreibe lau, s´wurd höchschte Zeit, dass i nausgang en d´Keltera.", so hot d´r Vadder g´sait, hot sein blaua Schurz nomg´schlaga ond isch da Hof nausg´loffa: Weil mir Kender grad no Herbschtvakanz g´het hend, hau i nadierlich bei deam G´schäft et fehla dürfa. ´S isch net weit g´wea vom Siehdefür naus en d´Keltera ond onderwegs isch oem scho d´r Wei´geischt vom Nuie d´Nase nuf. „Des geit en guate huier", war der kurze aber bündige Gruaß, mo mir zwoe onder dera Türa em Kapelle-Heß vorkomme send. „Jo, i hau schau en Zuber voll a´glau, mei Weiherr will bald lade!" Monoton senget dia Kolbe von deara hydraulischa Preß ihr Liadle vor sich na. Ond wenn net i en meim jugendliche Übermuat dia Überfahrtsdeckel aus Riffelblech mit ame reachte Hopfer strapaziert hätt´, wär´s eigentlich no reacht ruhig g´wea onder deam riesige Dach. Vom Kelterastüble kommt grad onser Nochber d´Stiage ra. „Du, Karl", moent d´r Vadder, „könnscht gschwend zu mir an Zuberzapfe komme?" „Ha, freile, bei mir lauft nix mai über, i hau schau z´dritt mol b´haue. „Eugen, do hosch aber Glück

g'het, dass der heit Nacht net raus komme isch", moent d'r Nachber, mo d'r Treschterhuat 10 Zentimeter über dean Büttemarand rausguckt, als wollt er sage: „S'isch Zeit, dass er kommet." „'S stoht älles, was mer braucht parat, d'Abläß, d'Eich, d'r Schöpfkübel, d'r kleine Zuber ond oms nomgucke knuilt d'r Vadder neaba dera Abläß ond klopft bedächtig mit em Küaferschlegele uf dean Zuberzapfe. Des isch a hoikels G'schäft, do muascht ufpasse wia Hechelesmacher, dass der Zuberzapfe net aus dem Zapfeloch nausrutscht, sonscht isch's passiert. „Bua, merk d'r dees", moent d'r Vadder, „an des G'schäft geht mr nia ohne Schurz oder Kappe uf em Kopf, selle hent schau manchem aus der Verlegenheit g'holfe, wenn mer's en d'r Not en des Zapfeloch neig'stopft hot."

D'r Nachber hot Erfahrong, er isch jo schließlich au koe huirichs Häsle meh, er führt den Zuberzapfe mit G'fühl, ond macht zua, wenn d'r Vadder mit Schöpfe nemme nachkommt. Vom Gäre no badwarm dampft der nui Trollenger aus deam Ablasszuber, ond d'r Kenner sieht's: wenn d'r Vorlauf schao so a schöne Farb hot, no geit's en Guate. D'r Vadder kommt ens schwitza, ziagt sei Weschtle aus ond stürmelt seine Hemdärmel nuf, eh er dean zwoete Zuber überschöpft. Mit ame Klemmzug ziag i mi an deara fünfoimrige, eichene Büttama nuf ond guck zua, wia sich der Treschterhuat langsam aber stetig noch onda senkt. „Karl, jetzt preschtier i's vollends alloi. I dank d'r, kommscht nochher g'schwend nuf zom Verschpera ens Kelterstüble.", sait d'r Vadder ond druckt mir a Fufzgerle en d'Händ. „Holscht beim Becka Fischer sechs Brezata." Beim Nailaufe en d'Hendergaß hau i mir überlegt, dass heut a günschtige G'legaheit wär, vom Rausgeld no 10 Pfennig abz'zwacket für a Schächtele Käpsele. Dui Onderschlagong hau i em Vadder net offeriere müaßa, er hot's schao vo weitem am Knalle g'hairt.

„Jetzt passiert nex maih, s'driahlt bloß no, des goht en dui Abläß guat nei", moent'r wia mir dui hölzerne Stiaga end's Kelterstüble nuf ganget. Vom Podest aus sieht mr aerscht wia groß dui Keltera isch. Net ome sonscht hent dia Planer dean Platz g'wählt. Die Kelterknecht hent selbst bei deam spärlicha Liacht a guate Übersicht über dean ganze Jahresertrag vom Kappelberg g'het.

Der gusseiserne Ofe hot fascht glüaht, aber mr hot's vertrage könne, 's war jo schliaßlich ao schao henda em Oktober. Uf deana Schranne om dean graoße Tisch sitzet schao Stücker sechs Wengerter ond wia d'r Vadder aus dera Leberwurschtbüchs a Stück rausticht, hot sich 's G'sprächsthema uf de Preis vom Nuie eig'stellt.

„Ha, probier bloß amol, wenn e dean mit am Ferndiche (Letztjährigen) vergleich, müaßt d'r Oemer mendeschtens 30 Mark, des wäret am Liter bloß 10 Pfennig, maeh brenga." „Jo, ond d'r Kupfervitirol hot au wieder ufg'schlage." moent d'r Michele. „Ihr könnet guat vom Ufschlage schwätze, d'r Preis isch schao g'macht!", mischt sich do d'r Boga-Heß ei. „I sag koen Name, aber dear, mo sei Kelterg'schirr glei an der ondere Türa neabram Sae stande hot, hot sich gerscht Abed mit am Kronewirt uf de ferndiche Preis g'oinigt. 'S Argument war, s häb huier jo au maeh ausgä. Am Gepolter hau i's schao ghaert, mei Freund, d'r Hoida-Ernschtle, kommt d'Stiaga ruf, i lang mr aus dera Guck no a Laugebrezel ond scho knallet onde vor der Keltera zwoe Käppselesbistöl om d'Wett.

'S hot g'rad halber g'schla, do kommt d'r Vadder schao mit am aerschte Butt voll Trester zom Ufschütta uf dui graoß Preß. „Bua, du duascht mit deam Karscht glei vertoile, no brengat mr's en oe Biat nei."

Schlag naine lauft's a. „Des isch a feine Sach, mit derra hydraulische Preß, wenn e do an früher denk", sait d'r Vadder zom Keltermoester. Mo no des Manometer uf 200 war ond's aus deam kupferne Röhrle bloß no tropft hot, lasst dear Kelteramoester dui Preß hopfa. Mit am Karscht duat d'r Vadder dean Secker b'haue, während i mit 'ra Schaufel dui Press wieder ei'füll. I hau jo vom Wei'trenka no nex g'halte ond hau ordentlich z'Maul verzoge, wo e dean Nachlauf mit em Finger probiert hau, aber d'r Vadder moent, der Preßwei geit deam Trollinger Farb ond Gerbstoff, der g'hairt d'rzua nei.

„Grad send d'Weiherra herg'fahre, er sollet na zom Essa komme", schreit d'Emma, onser damalig's Denschtmädle zor Tiera rei, während d'r Vadder grad mit deam Reisigbüschle dui graoß Büttema ausfeagt. „M'r kommet g'lei – m'r send g'rad fertig."

Vor onserem Haus stoht a graoßer Pritsche-Lastwage, an d'r Türe stoht mit goldenen Buchstabe „Thieringer, Transporte, Balingen". Des Fuhrwerk, damals no a Seltaheit, hot mi nadierlich no ärger entressiert als der Schweinebrate, mo d'Muader uftischt hat.

Se hen mir d'rom zwoimol zom Essa schreia müaßa, des wär normalerweis oemal z'viel gwae, ond i hau Glück g'heat, dass B'such am Tisch g'sessa ischt. Brate, Spätzle ond Salat, des hat's sonst onder der Woch 's ganze Johr et gä, aber beim Weiherre hot sich's flattiere no älleweil g'lohnt.

D'r Löwewirt Wilhelm ond d'r Krone-Metzger aus Täbenge, des ischt a kleins Neschtle zwische Balenge ond Rottweil, send schao beim Großvadder onsere Wei'herra g'wä. „Früher send mr mit em Loitrewage ond zwoi Gäul zom Wei'lade komme, na hent m'r z'Dettahause em Schöbuach onser

Fuhrwerk ond d´Gäul ei´g´stellt ond hent übernachtet", verzählt dr Wilhelm. *„G´schlafe hent mr et b´sonders guat, mir hent äwel Angscht g´het, dass sich so a Tunetguat an onserem Wei´ verluschtiert." „Da sieht m´r, was d´r Fortschritt d´r Technik bracht hoat"*, moent d´r Chauffeur, *´s war d´r Bruader vom Kronewirt, hait Nacht hent´r uiern Wei´em oegene Keller, na kennet ihr uich ganz uire Weiber widme."*
Nach em Essa richtet d´Muader drei Spankörb mit g´schnittene Traube für diea Wei´herra, ond i hol em Garte a paar Wenteraster für d´Gärpfeife, während d´r Vadder s´Herbstloiterle ond da Wei´butta uf dean Lastwage vor am Haus nuf duat. Obwohl´s bis zor Keltera bloß 250 Meter send, hau i en des Führerhaus vom Lastwage neidruckt wia d´Kälte, ond wenn´s au beim Schalte kratzt hot, hau i ganz stolz meim Schulkamerade nausgwonga.
An deana G´sichter von de Wirtsleut hot mr ´s alesa könne, se waret von deam Trollenger vom Kamerzeberg begeistert. Mei Vadder hot des nadierlich au registriert ond wia er sei Gläsle onder dui Büttema nag´stellt hot, sait er voller Überzeugung: *„Ha, der isch doch zeah Pfennig weiter wert, wia d´r Letschtjährige." „Des schao"*, moent d´r Kronewirt vo Täbenga, *„Eugen, Du hoscht aber au vo Deine zwoe Bergwengert no nia faef Oemer Wei´kriagt."*
„Was isch?", saet d´ruf d´r Vadder, *„Schlaget ei, no verreiße mr ´s en d´r Mitte, i be au beim Eiche no nia kleinlich gwea."* A Ma – a Wort! Der Handschlag gilt. Ond damit war der Weag zom Lade frei. D´r Vadder schlupft en sein Lender nei, de aerscht Eich hot er schao vor am Essa na g´richt, da kommt grad mei Onkel, der war mit deana Täbenger no weitläufig verwandt, zor Keltera rei. *„Otto, Du kommscht wia g´wonscha, hoscht a Weile Zeit, na kommet Deine Täbenger bälder uf da Weag."*
So goaht des Lade Hand in Hand. D´r Chauffeur guckt nomal, ob dia zwoe Halbstück ond des Viertelstück satt em Lager lieget. D´r Vadder als gewandter Buttaträger, schwitzt heut sicher gerner wia beim Erdatrage. Ond während der Onkel Otto Eich für Eich füllt, standet dia Weiherra wia Presser d´r neaba ond kontrolliert, dass jo des Nägele an d´r Eich nemme rausguckt. Mi hent se zom Schriftführer g´macht ond so stoht schließlich a ganz Reihle weiße Kreidestrich an dera graoße Büttema.
Von der Lutherkirch schlägt´s grad drei, wia der Chauffeur sein Schlag nuf macht. Dia drei Transportfässer, jedes en d´r Gärpfeife mit ame Asterstäußle dekoriert, gucket stolz über deam Pritscherand ra wia des Wei´fuhrwerk vo d´r Keltera wegfahrt, ond mei Vadder net weniger stolz en sei Brieftasch nei. Oemal em Jahr reich. ´S war a og´schriebes G´setz,

dass s'Wei'geld uf d'Kante kommt, ja a Sönd wär's g'wea, hätt mr 's zom Leba verbraucht, da d'rzua war's Milchgeld bestemmt oder andere Eikünft aus der Landwirtschaft. 'S Herbschtgeld, wenn's guat ausg'falle isch, hot en Wengert oder Acker lange müaße. Ond weil i schao als Bua a reachter Wengerter hau werda wölla, send dia zwoe Mark Trenkgeld vo sellem Dag nadierlich au en mei Sparhäfele g'wandert.

Wie bereits erwähnt, war die Nutzung dieses Prachtbaus als Kelter zeitlich beschränkt. Über elf Monate hatte sie als Aufbewahrungsort der Keltergeschirre einen „Dornröschenschlaf" gehalten. Waren allerdings einmal Großveranstaltungen angesagt, wurden die Bütten ins Freie verlagert und die Kelter aus Mangel an einer Festhalle zweckentfremdet. Nach dem überraschenden Tod des legendären Schultheissen Brändle im Jahre 1933 wurde beispielsweise die Kelter ausgeräumt und zu mehreren Wahlveranstaltungen genutzt. Aus einer dieser gutbesuchten Kundgebungen erzählt man sich folgende kleine Geschichte.
Ein damaliger Beamter aus dem Rathaus bewarb sich als Nachfolger von Brändle. Der hochdeutschen Sprache mächtig und zugeneigt, wusste der Kandidat allerdings, dass er ohne Sympathie von Feuerwehr, Gesangverein und dem Wengerterstand chancenlos war. In diesen Kreisen war aber das preußisch anmutende Hochdeutsch verpönt. Dessen bewusst verstieg sich der Kandidat in einen Mix und rief von der Bühne: „Ich könnte, wenn es sein müsste sogar auf einem Güllenfass reiten!" Gewählt wurde er nicht, dafür begleitete ihn der Spottname „Güllenfassreiter" zeitlebens. Als souveräner Sieger ging schließlich kein geringerer als der blutjunge dynamische Jurist Dr. Max Graser aus dem Rennen hervor.
Gut erinnere ich mich noch an das Gauliederfest mit der Fahnenweihe des Männergesangvereins im Jahre 1936. Auf einer großen Bühne in der Mitte der Alten Kelter aufgebaut, stellten sich tausend begeisterte Chorsänger dem Sängerwettstreit. Verschiedene Karussells und Schausteller belebten das Gelände am See rings um die Alte Kelter. Mein Vater, selbst ein aktiver Sänger, forderte die Festzugsteilnehmer am Elternhaus im „Siehdichfür" auf einem aufgehängten Transparent mit den Worten heraus „Grüß Euch Gott – Sänger auf nun singet flott!"
Im Jahre 1939, nach gerade 30jähriger Nutzung, musste bedingt durch eine völlige Systemveränderung in der Weinvermarktung die Kelter ihre Daseinsberechtigung an einen neuen modernen Kelterbau an anderer Stelle abgeben. Man war die Abhängigkeit, die Gnade oder Ungnade

der Weinherren leid, gründete die Weingärtnergenossenschaft mit der üblichen Form des gemeinsamen Ausbaus und der sukzessiven Vermarktung, zunehmend über die Flasche.

Rückblickend betrachtet, stand die Kelter in ihrer kurzen Lebenszeit unter keinem günstigen Stern. Nach vielen Fehljahren und Missernten wurde im Jahre 1939 zum Abschluss eine der geringsten Qualitäten des Jahrhunderts eingebracht.

Ab Kriegsbeginn wurde die nun leerstehende Alte Kelter zu einem Lager für die Heeresverpflegung.

Die wohl einmalige Dachkonstruktion litt insbesondere durch Windeinwirkung stark und musste mehrfach durch Einbau von Zangen usw. nachgerüstet werden. Einige knapp oberhalb der Kelter im Gewann Raichberg abgeworfene Luftminen verschärften den desolaten Zustand von Dach und Gebälk. Nach notdürftiger Reparatur beschlossen Industrie, Handwerk, Handel und Landwirtschaft mit Unterstützung der Stadt schon im Jahre 1946 den Willen zum Wiederaufbau der Wirtschaft in einer Sonderausstellung – der „Fellbacher Schau – zu dokumentieren. Im westlichen Teil des Gebäudes installierte die BAST (Bezirksabgabestelle) Ende 1946 eine Versteigerungshalle für Obst und Gemüse, während im Ostteil einige Gewerbebetriebe Unterkunft fanden.

Das undichte Dach zerstörte mehr und mehr das Gebälk, so dass eine intensive Nutzung immer mehr in Frage stand. Daraufhin beschloss der Gemeinderat den Abbruch. In der Begründung überwog die stark angeschlagene Dachsubstanz den Erhaltungswert aus rein heimatgeschichtlichem Interesse.

Der Intervention eines Gemeinderats, dessen Großvater als Zimmermeister bei der Dachkonstruktion aktiv war, ist es zu verdanken, dass das Landesdenkmalamt dem Abbruch widersprach. So blieb schließlich nur noch eine aufwändige Renovierung übrig. Dabei wurde sich der Gemeinderat nie über eine sinnvolle spätere Nutzung einig. Im Rahmen des ersten Schrittes, der Dachsanierung, konnte schließlich der nach Osten verschobene gesamte Dachstuhl mit schweren hydraulischen Geräten wieder ins Lot gebracht werden. Diese Tatsache machte Hoffnung. Der hartnäckige Wille unseres damaligen Oberbürgermeisters F.W. Kiel setzte in einer diplomatisch geführten Salamitaktik die Generalsanierung bis zum Einbau einer Fußbodenheizung durch. Heute sind wohl alle Fellbacher stolz darauf, dass – zwar mit einem hohen finanziellen Aufwand – ein Podium Fellbacher Leistungsstärke in einer multifunktionalen Nutzung entstanden ist. So gesehen dokumentiert unsere Alte Kelter, heute nach hundert Jahren, ein Stück Fellbacher Geschichte.

Metzelsuppe vom gebrannten Schwein

Auszug aus meinem Buch „Wenn die Maura schwätze könntet"

Anzeigen wie „Metzelsuppe vom gebrannten Schwein" im damaligen „Boten vom Kappelberg" oder eine aufgeblasene Schweinsblase am Wirtshausschild baumelnd, galten als unverkennbare Einladung zu einer echten Fellbacher Spezialität. Die beliebte Schlachtplatte mit und ohne Kraut gibt es wohl in aller Herren Länder, in denen sich grunzende Borstentiere im Gras oder Dreck wälzen. Das „Spezielle" liegt im „gebrannten" Schwein. Im Gegensatz zum wohl üblichen „Brühen" mit heißem Wasser, entledigte man sich in Fellbach der lästigen Schweinsborsten durch Abflammen auf offenem Feuer. Diese Methode, die meines Wissens außer in unserer engeren Heimat nur noch da und dort in Frankreich praktiziert wird, verleiht insbesondere der Kesselbrühe, allen Schwartenteilen und auch der Leber- und Griebenwurst, einen unvergleichlich würzig-rauchigen Geschmack, und dies ist die besondere Spezialität. Dabei stören den Kenner die in der Schwarte verbliebenen Haarwurzeln nur wenig. Ich erinnere mich gerne an einen jener Schlachttage im Elternhaus, und schon läuft mir das Wasser im Munde zusammen.

„Wenn i' heut Abe'd en Adler en d' Sengstond gang, guck i' g'schwend beim Krauße Fritz em Onderdorf vorbei, ob er nächscht Woch no en Dag offe hot zom Hausmetzga. I moe, dui graoß Sau hot bald vier Zentner", hot d'r Vadder g'sait. „Jo, ond mir sottet da Schwager ond dia Wengertsnachber' vom Kamerzeberg en Karz ei'lade', nao hemm m'r glei' ebbes em Haus ond brauchet net scho' wieder zom Metzger schprenga", moent d' Muader.
S'hot g'klappt. Am Daistigmittag am fenfe 'rom holt m'r mit em Handwägele da' Schraga ond 's Nagelholz beim Schmied Seibold en der Vordergass', der hot an sellem Dag g'metzget. „Vergesset au' beim Häfner Lorenz dean gusseiserne Kessel net, dean brauchet m'r zom Schmalzauslau" mahnt d'Muader. „Jo, ond du derfsch fei deara Sau heit Abe'd nemme a'brühe, sonscht schempft d'r Metzger, wenn dui morga früah da Wanscht no voll hat", hot d'r Vadder g'sait.
Des Zieha am Handwägele war normalerweis net obedengt grad dui Lieblingsbeschäftigung, aber en d'r Vorfraid uff da morgige Dag hat's na-

dierlich koi' Widerred' gä'. S'Metzga war noch em Heilige Abend ond noch em Geburtstag 's gröschte Fescht für ons Kender. Net, dass m'r de and're Däg net g'nug z'esse g'het hättet, aber Floisch ond Wurscht send en de' dreiß'ger Johr net äll Däg uf d'r elterliche' Speiskart' g'schtanda.
S'isch schao' zemlich kalt ond au no däamer (dämmrig) g'wea, wo d'r Hausmetzger an deam Novembermorga en Hof reikomme isch. „Gotte Morga, Fritz, hait isch Wetter zom Metzga", hot d'r Vadder g'sait on hot em sein Korb mit deane scharfe Messer ond em Spaltbeil abg'nomme. Während dui Sau en ihrem Stall ziemlich oruhig romgoestert, schenkt d'r Vadder em Metzger no a Tresterschnäpsle ei, dass er nochher au guat trifft. No ziagt d'r Metzger sei rot-weiß-karierte Metzgerschurz a, nemmt dean Strick ond schlupft durchs Saustalltürle nei. Zomendescht jetzt merkt sicher au dui Sau, dass ebbes nemme schtemmt. Aber d'r Krauße Fritz ischt net z'erscht mol d'rbei, er hot mit deam Strick en Latz g'macht ond dean Todeskandidate am hentre Fuaß an da Globa vom Saustalltürle nabonda. Dass se sich a bißle beruhigt, kratzt er se uf em Buckel ond guckt d'rbei schao noch d'r Axt. „Komm Bua", sait d'Muader, „da muascht Du jetzt net d'rbei sei". Aber au em kleine Stüble hairt mr a paar dompfe Schläg ond

Beim Saubrennen

dia Todesschroi vo deam arme Tierle. „Er hot's scheint's guat troffa. Kascht wieder naus", moent d'Muader. Der Krauße Fritz knuilt (kniet) neaba deara Sau ond hot'r schau z'Messer en Hals neidruckt. Mit ra Schüssel fangt 'r des Bluat uf ond sait: „Eugen, rühr tapfer, dass et g'rennt, sonscht geit's koene Bluatwürscht. Bua, beim Nochber brennt no Liacht em Stall, hol en g'schwend, er soll d'Sau helfa uflade."

Des Herbschtloiterle, zweckentfremdet als Bahre, leit schao hent'r deara Sau, wo d'r Nachbars Paul zom Hof rei kommt. „Da müasst mr fei guat nalange", hat er statt „Guada Morga" gsait, „dui hot glatt vier Zentner". Drei Mannsleit ond an oem Eck von deara Loiter d'Muader ond i, packet's schließlich g'rad. Wo no' des Handwägele, d'r klei Siedefür an d'r Deichsel, dui henich Sau mit Straoh zudeckt da Flecka nausfahret, no woess voll de ganze Nachberschaft, dass se uf de nächste Dag Kraut nahenke könnet – 's geit Metzelsupp.

Beim Sae (See) an d'r Alte Kelter isch d'r Brandplatz. Mr kippt dui Sau uf en Schaub Straoh na ond bald verkündet amol wiedr dia Rauchwolka am Rand vom Flecka, da duat oener metzga. Wo na dui oe Hälfte vo deara Sau ag'flammt gwä' isch, dreht mr se rom, deckt's nomal mit em Schaub a ond schao schlaget dia Flamme wieder en dean kalte Novemberhemmel. „Dui hot a g'schlachte Haut, do muass e elend ufpasse, dass mr dui net uffplatzt", sait d'r Metzger. Em Nochber sei Schäferhond hot's scheint's g'schmeckt, ond während er sich an deane auszogene Klaue verluschtiert, kommt g'rad sei Herrle mit am Erdabutta vorbei. „Du kommsch wie g'wonscha – kascht d'r gschwend a Veschper verdeana", sait d'r Vadder. Nao feagt er mit em Reisigbeasa dui ruassige Sau nomal a ond beim Uflada isch guat, dass grad nomal oener d'rzuakomme isch.

Wia mr no mit onserem Prachtstück wieder en da Hof neifahret, guckt d'Nachbere g'rad zum Fenscht'r raus, ond i moe, i häb no ghaiert, wie se zo ihrem Moa saet: „Du, des isch aber a reachte, do könne mr morga z'Schmalz schpara".

Mr kippt dui Sau uf de Schrage, ond jetzt goht's mit d'r Wurzelbürschta ans Schruppa. „Bua, du hebscht da Schlauch, mach de aber net so naß", sait d'Muader ond legt d'rbei nomal a paar Scheitle ens Kesselfuier. Durch die Waschaktion verwandelt sich dui seither so schwarzruassige Hülle en a appetitlichs Goldgelb. Mit am Messer wird no a bissle nachrasiert ond d'r neaba lauert bereits onser graoßer Kater uf sei Teil.

Uf deam pfläschterte Hof rutscht der Schrage et guat, d'rom holt mr d'Muader, dass se ehn helfa nüberschiabt ans Nagelholz. Beim Ufbrecha kommt jetzt net bloß z'Eig'woed zom Vorschei, noe, mr sieht au deutlich, dass onser Muader des Tierle a Jaohr lang guat versorgt hot. Onder der Schwarte zaigt sich a g'hörige Speckschicht. „Da kosch morge a paar rechte Schmalzhäfe fülle", moent d'r Vadder. 'S Hoftörle goht uff ond d'r Fleischbeschauer kommt zeitlich g'rad recht zo seim Kontrollgang. Er loehnt sei Fahrrädle an d'Hüttetüra ond sait zor Muader: „Komm, Emma, helf m'r geschwend en mei Kluft nei!" Er hot em Erschta Weltkrieg en Arm verlore, war aber trotz dera Behenderong emmer zu ame Spaß ufg'legt. Dui Trichineschau goht wia gewöhnlich ohne Aschtand über d'Bühne. D'r Hayne Chrischtian druckt seine Schtempel uf dia Arschbacka von deara halbierte Sau. Bevor er sich wieder uf sei Rädle nufschwengt, schenkt ehm d'Muader no oen Treschterschnaps ein. Er bedankt sich mit em neueschte Witz, ond d'r Metzger ziagt d'Schwarte a, verlegt da Kopf ond guckt, dass ebbes en da Kessel kommt. Des Überwache vom Fuier ischt d'r Muader ihr G'schäft. 'S schiera will se selber mache. D'r Metzger leert ond putzt d'Därm, da Mage ond d'Blaos, des ischt wichtig, dia send jetzt bald dia nadierliche Hülle für Schwartemage, Hirn-, Leber- ond Griabawurscht. D'r Vadder holt en Krug voll Moscht vom Beschta, er hot schao a Häufle Salz am Eck vom graoße Wäschküchetisch ond trebbelt o'ruhig ond erwar-

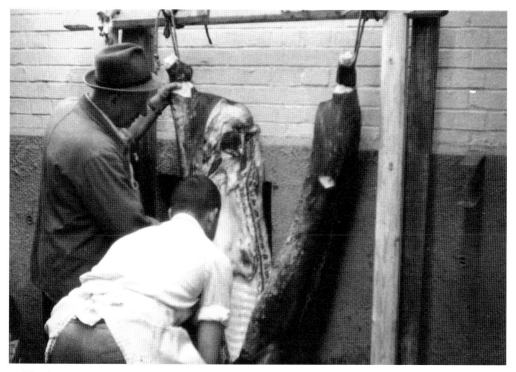

Bald gibt's Metzelsuppe

tungsvoll om dean Kessel rom. „A paar Minute no", moent d'r Metzger, „no könne mr z'aerscht probiere." A G'fühl für ons Kender, wai vor em Päckle ufmache am Heilig Abed.
Ke'bäckle, Rüassele, Ohrläpple, a Stückle vom Mage, a Niernle oder au a bissle Durchwachses, so frisch vom Kessel raus, des muass mr amol selber probiert hau. Wenn no d'r graibscht Honger g'schtillt isch, goht mr ans A'nage, d'rbei rutscht oem halt emmer wieder so a guat's Bröckle ens Maul, statt en dean zenkene Zuber. „Bua, jetzt kascht Du dean Floischwolf treiba", meont d'r Metzger ond passt d'rbei uf, dass's Verhältnis vom Kopf ond Fuassfloisch, mit Schwarte ond Fett's au stemmt. Älle müasset des Brät jetzt teschta, ob Salz ond Pfeffer langt oder aber no a bissle Majoran nai g'hairt. Aerscht wenn älle da richtige G'schmack abg'segnet hent, langt d'r Metzger sei Trächterle (Trichter) ond füllt dia Därm.
Wenn der Krauße Fritz voller G'schick mit am Bendfade dia Wüarscht ab'bendet, muass i als Bua emmer wieder staune g'rad wia wenn i älls em Bäcka en d'r Backstub'beim Brezete mache zuaguck. „Des langt no a ganze Roihe Büchse zom Fülla", moent d'r Vadder ond denkt d'rbei vielleicht schao an des harte G'schäft vom Wengerthacke em nächschte Frühjohr.
Solang d'r Metzger dia Speckseita raschneidet ond verlegt, mahnt er d'Muader ewell wieder dra, dass des Kesselwasser net z'arg kocht. Er hot Angscht om seine Wüarscht, dass se net platzet.
Solang d'r Metzger dui Sau vollends zerlegt ond sortiert nach sottichem, wo en Lack ond später en da Rauch kommt, nach Salz- ond Büchsafloisch, nach schöne Stückla für Brät zo Peitschestecka, kocht d'Muader d'Büchse, emmer d'ruf aus, dass z'Wasser kocht ond dia Büchse nachher au hebet. D'r neabaher füllt se mir em Wechsel des zwoelitrige Aluminiummilchhäfele oder des emmaillierte wo drei Liter neiganget, mit Kesselbrüah. D'rbei hau i da Bliebtheitsgrad vo de Nachber ond d'r Verwandschaft am Volume and an deane mehr oder mender fette Stückle, wo d'Muader en die Häfele nei dao hot, ablesa könne. „Saischt an Gruaß ond saischt danke, wenn ebbes kriagscht", hot d'r Vadder g'sait, wo i mit deane G'schirrle da Hof naus be. Guat fufzeah mol hane dean Gruaß ond en guate Appetit g'wenscht. Meischtens hent sich dia Erwartonga en meine glänziche Auge beim Ade-Sa' erfüllt. A Orange, a paar Ripple Schoklad'oder a Fuffzgerle (a Brezl hot damals vier Pfennig koschtet) sent oft en deara Bleyleshos'versonka. Üabott hot's nadierlich ao g'hoesse: „Gell, I brauch's Fläschle et spüala, ond saescht daene Leut, mir denkat no ao wieder dra beim Metzga."
So langsam wird's schao wieder däamer, d'r Vadder schtoht mit deam hölzerne Waschlöffel am Kessel ond rührt des Schmalz, d'Muader schöpft

onserem Metzger g'rad a Teller Griasbrei ond Schnitz ond Zwetschga raus, weil er g'moent hot: „Schweines hau i älleweil, doch i hau me sellichs mal über dean schöna Dag g'freut ond denk hait no gern dra".

Em Wenters

Auszug aus meinem Buch „Wenn die Maura schwätze könntet"

Vor unserem Haus im Siehdefür, es war lange Zeit das letzte am Ortsausgang in Richtung Untertürkheim, war der Treffpunkt all derer, die dort unten im Neckartal ihrer Arbeit nachgingen. Die heutigen Verkehrsmittel wie Auto, Bus oder Bahn, ja selbst das Fahrrad kannte man kaum oder man konnte es sich nicht leisten. Im Rucksack Vesper und Mostkrug, so stapfte man bei Wind und Wetter die alte Staigstraße hinunter zu Daimler, Kodak, ins Ausbesserungswerk der Reichsbahn zum Lumpenwolf oder aber in die Weinberge und Gipsbrüche der Untertürkheimer Gips AG und Gips Schüle.
„*Heut nacht hot's aber en reachte Schnai nag'schmissa*", hörte ich die Frühaufsteher anstelle des üblichen Guata Morga sagen, und die Tritte und Stimmen klangen anders als sonst, weil sie vom vielen Schnee gedämpft waren. Die Neugier trieb mich natürlich gleich aus meinem Bett, das durch einen Vorhang vom Elternschlafzimmer getrennt war, und schon flog auch der Fensterladen auf.
„*Au, gucket amol, wia's do g'schnia hot!*" war zugleich auch der Weckruf an Vater und Mutter. Die Aufgabenteilung bei der Stallarbeit war klar und abgegrenzt. Während der Winterferien übernahm ich das Füttern, der Vater das Ausmisten und Striegeln der Kühe, Mutter und Emma besorgten das Melken. Zuerst stieg ich über die Scheunenleiter hinauf zum Heuboden. Von dort warf ich einige Gabeln herrlich duftenden Heus zur Tenne. „*Schmeiss deane Küah glei ebbes nai, no standet se beim Melka besser na*", mahnte mich meine Mutter, ehe ich die Falltüre zum Rübenkeller öffnete, um von dort Futterrüben heraufzuholen. Der Elektromotor, der über eine Transmission Futterschneidemaschine und Rübenmühle antrieb, heulte auf, wenn sich diese etwas überlastet fühlte. Dann half meist der Griff zum Riemenharz. Als beliebten „Hauptgang" schaufelte ich dann Rübenschnitzel, vermischt mit Heu und Strohhäcksel und einer Schaufel Viehsalz über die Futterläden in den Trog.
Doch nun zog's mich hinein in den warmen Stall. Der erste Blick, die erste Liebe, galt dem drei Tage alten Kälbchen, das noch auf wackeligen Füßen ungeduldig darauf wartete, dass ich es zur Mutter, der „Bless", führte. Mit mächtigen Kopfstößen massierte es das Euter und fand sich bald allein zurecht. Ich selbst setzte mich am Stallgang auf einen Melk-

schemel und unser Dienstmädchen Emma, immer zu einer Lumperei bereit, versorgte mich über einen kräftigen Strahl direkt mit kuhwarmer Milch. Drei Kühe „unter Milch", da waren zwei wohlgefüllte Zehnliterkannen kein schlechtes Ergebnis. Ich lud die noch warme Fracht auf meinen Schlitten und hoffte darauf, dass ich mich in der steilen Hendergass zu den beiden Milchkannen auf meinen Sechssitzer setzen könnte. Doch der Schnee war tief, so blieb es wohl oder übel beim Ziehen.
Im Milchhäusle, dem Treffpunkt der Dorfjugend, wurde das Tagesprogramm besprochen. In der Gunst war natürlich der bis zum Mittag gut präparierte Esslinger oder alte Bergweg ganz oben. Da ich wusste, dass im Siehdefür zumindest ein Halbtagesprogramm auf mich wartete und mein bester Freund jeden Mittag dem Vater das Essen in den Wald tragen musste, einigten wir uns auf zwei Uhr am „Alte". *„Ond guck'sch au', wenn vom Wald hoim gohscht, wo's am beste lauft",* waren meine Worte, als wir beim Tuchmacher Frey die Staffel hinaufgingen. Wir hatten Glück, Fuhrmann Off spannte eben seine zwei Braunen vor Seibolds zwei Rappen an den Bahnschlitten. Wir hängten unsere Schlitten ein und wurden so für die entgangene Abfahrt in der Hinteren Straße entschädigt.

„Bua, hosch de eigentlich au scho g'wäsche?" war die Begrüßung der Mutter, dabei deutete sie auf die emaillierte Waschschüssel auf dem Schüttstein. Sie war stolz auf ihre neueste Anschaffung vom letzten Milchgeld, den Warmwasserboiler, der ihr zumindest das Feuermachen im Herd vor dem Stallgang abnahm. Während die „Schöne Stube" allenfalls an Sonn- und Feiertagen benutzt wurde und deshalb auch nicht geheizt war, strahlte das Kanonenöfele im kleinen Stüble bereits behagliche Wärme aus. Mein Opa aus der Ziegelstraße hatte sich für heute zum „Band machen" angemeldet.

„Wenn Dein Kaffee tronka hasch, duasch z'airscht d' Kandel enteisa", trug mir der Vater auf und stellte eine alte Holzaxt parat. Da die Untertürkheimerstraße erst nach dem Zweiten Weltkrieg kanalisiert wurde, musste man immer dafür sorgen, dass alles Abwasser auch bei Winterwetter seinen Lauf hatte. Dabei konnte man problemlos oftmals den Speisezettel der ganzen Nachbarschaft im Straßenkandel feststellen. Trat das Spätzleswasser des Nachbarn mal über die Ufer, weil der Vordermann seinen Kanal noch nicht freigemacht hatte, gab es für uns Jungs bald eine pfund's Schleifet's. Der Kanal war frei, und mit nassgeschwitztem Hemd und Eis in den Haaren taute ich schnell wieder am warmen Ofen des kleinen Stübchens auf.

Dabei entging mir keinesfalls die Vorfreude auf's Vesper. Vom letzten Speckauslassen schmorte eine ganze Pfanne mit Schweinegrieben auf dem Ofen. *„Emma, hol au en Krug voll Leira aus em Keller, i hau gerscht Obed frisch ag'stocha, vergiss dei Kerzalicht net ond mach fei au da Hahne guat zua."* Da der Wein zuallererst zum Verkauf und allenfalls am Feiertag zum Eigenverbrauch bestimmt war, war es im Wengertershaus üblich, dass man im Herbst einen besonders gut geratenen Bratbirnenmost noch einige Tage lang an ausgepresste Traubentrester schüttete. Das schwäbische Nationalgetränk profitierte durch diese Heirat an Farbe und Gerbstoff. Mancher Krug wurde dabei sogar mit Hochachtung vor dem „Nuien" getrunken.

„Ja, 's isch scho ebbes dra an dem Spruch: Em Sommer baut mr 's Feld ond em Wenter da Leib", meinte der Großvater, als er sich nach dem Vesper wieder auf den Hocker setzte. Mit geschickter Hand schlitzte er die stärkeren Weiden in zwei Teile, die ganz groben mittels einer Holzschleiße sogar in drei. Die fertigen Bündel klopfte er mit dem Stiefelknecht satt bündig, dabei war er immer besorgt, dass die aufgeschlitzte Seite nach innen gekehrt und vor übermäßigem Austrocknen geschützt war. Saubere Arbeit ersparte im Frühjahr beim Binden im Weinberg manchen Ärger.

Der Vater saß auf einem Melkschemel und raspelte auf der Simmiri Maiskörner von den Kolben. Dieses Welschkornausbrockla erfüllte das Stübchen mit heimeliger Musik. Meine Aufgabe, den Ofen mit abgekörnten Maisbutzen zu füttern, erfüllte ich pflichtgetreu, zeitweise brachte ich sogar das Ofenrohr zum Glühen. Das Maislaub, an welchem die Kolben zum Trocknen aufgehängt waren, verarbeitete unsere Nachbarin mit geschickter Hand zu Hausschuhen. Der unverkennbare Geruch nach Sauerkraut aus den nahegelegenen Küche war für Emma das Zeichen, den Tisch zum Mittagessen vorzubereiten. Auf ihm hatte sie zusammen mit der Mutter im Laufe des Vormittags schon einen ganzen Sack mit Steckzwiebeln geputzt und sortiert.

Nach dem Mittagessen ließ ich mich nicht mehr halten. Auf meine genagelten Stiefel zog ich meine Schlittschuhe an, auf den Kopf setzte ich eine gestrickte Zipfelmütze. Da lange Hosen als Zeichen der werdenden Männlichkeit den Konfirmanden vorbehalten waren, wärmten meine Füße lange, braune und handgestrickte Strümpfe. Ein Gummistraps, der an einem Hüftleibchen eingeknöpft war, gab diesen oft juckenden Beinkleidern den nötigen Halt. Ob sie die kommenden Stunden unbeschadet überstehen würden, wer weiß?

Schon im unteren Teil des alten Bergwegs tummelten sich ganze Scharen der Schuljugend mit lautem Hallo. Als Begrüßung flog mir von irgendwoher schon ein Schneeball an den Kopf. Zu gerne hätte ich dieses „Grüaß Gott" erwidert, aber der höfliche Junge war bereits untergetaucht. Mein Sechssitzer, heute morgen noch als Milchtransportfahrzeug zweckentfremdet, war ein begehrtes Mitfahrobjekt und im Nu war die Besatzung zur ersten Abfahrt komplett. *„Komm, mir ganget no a Schanz weiter nuff"*, meinte mein Freund Otto mutig, doch er wurde bei der ersten Testfahrt überstimmt. Mit meinen Schlittschuhen nahm ich als Lenker unser Gefährt bei den Hörnern. Eng zusammengekauert und tief gebückt saß die Mannschaft klar zum Start. Mit einem mächtigen Schwung schwang sich Ernst als „letzter Mann" auf den Schlitten und mit einem mehrstimmigen *„Aus em Weg!"* schrien wir die Piste frei. Im Nu hatten wir volle Fahrt und da Bremsen grundsätzlich als feige betrachtet wurde, flog unser Schlitten oft bis zwei Meter über die zu Schanzen umgemünzten Querrinnen. Bauchrutscher und kleinere Schlittenbesatzungen hatten uns gegenüber natürlich keine Chance. Ihre oft neidischen Blicke verfolgten uns bis hinunter zur alten Kelter und in manchem dieser Schulkameraden keimte der Wunsch: *„Wenn's no dia amol neihaue tät!"*

Angespornt durch die erste rasante Fahrt, wurde der Start zur zweiten natürlich hinauf bis zum Waldschlössle gelegt und weil auch diese Partie unfallfrei über die Bühne ging, wollten wir es beim dritten Anlauf genau wissen. Mit Stricken und Weinbergpfählen wurde ein Viersitzer satt angekuppelt. Dann schoss unser „Pistenschreck" mit noch mehr Gewicht den alten Bergweg hinunter. An der Kurve bei der Einmündung des neuen Bergwegs kam unser „Nachläufer" plötzlich ins Schlittern und ehe wir es uns recht versahen, lag ein Viertel der ganzen Schulklasse 6a der damaligen Horst-Wessel-Schule im Straßengraben. Trotz verstauchter Hand und Blessuren an den Knien gab es keine Krankmeldungen. Wegen der Verspätung und vor allem wegen der zerrissenen Strümpfe schlich ich an jenem Winterabend schlechten Gewissens gleich zur Stallarbeit. Durch besonderen Eifer beim Futterschneiden versuchte ich, trotz meiner „Sünden" von den Eltern zum abendlichen Karz mitgenommen zu werden. Wir waren bei Kugler Pfanders, unseren Weinbergnachbarn im Kamerzenberg, eingeladen. Der Karz war in seiner Urform der Ausdruck schwäbischer Sparsamkeit. Unnötiger Verbrauch von Licht (Kerze, Karz) führte insbesondere an den langen Winterabenden Nachbarn oder Verwandtschaft zusammen in die Lichtstube. Nicht

ganz ohne Stolz darauf, dass man dem Sprössling ein Musikinstrument angeschafft hatte, meinte der Vater: „*No nemscht au dei Zigamläderle (Ziehharmonika) mit, no könne mr a paar Liadle senga*".
Im damals größten Haus in der Herrengasse empfing uns schon auf der Treppe der einladende Geruch nach Kräpfle. Zwischen dem großen gusseisernen Ofen und dem Kamin warteten neben ein paar Tonkrügen Alkoholischem ein ganzes Ofenblech voll dieser mit Äpfel und Sultaninen gefüllten Karzspezialität auf die Besucher. Während sich die ältere Generation in der großen Stube mit politischen und kommunalen Themen auseinander setzte und dabei so mancher em Flecka auch nicht ungerupft davon kam, vergnügten wir Jungen uns im kleinen Stüble mit „Flohhüpfen", „Fang den Hut" und „Mensch ärgere Dich nicht".
Dabei entging uns nicht, dass der Gastgeber etwas unruhig von Zeit zu Zeit hinunter in den Stall ging. „*I glaub, mir kriaget heut nacht no Zuwachs*", meinte er als er wieder in die Stube eintrat, doch die „Scheck" ließ sich Zeit. Derweil packte ich meine „Zieha" aus dem Koffer und bald erfüllten Lieder wie „Kein schöner Land" und „Preisend mit viel schönen Reden" die winterliche Lichtstube. Als die große Standuhr die Stunde der Mitternacht ankündigte, meinte der Herra-Pfander: „*Eugen, i glaub 's wird nix meh mit Geburtshelfer spiela, bei onserer Scheck send d'Weiha wieder vergange*". Das war für uns auch das Zeichen zum Aufbruch. Wenn dann bald darauf in der Herrengasse statt der letzten Kerze, wie früher, eine 60er Birne erlosch, ging für mich ein schöner Tag zu Ende.

Lichtstube

Wie bereits mehrfach erwähnt, war der Begriff „Urlaub" in unserer Jugend ein absolutes Fremdwort. Vielleicht gerade deshalb blieben mir ein paar Wintertage auf dem Heuberg und weg vom Elternhaus in unvergesslicher Erinnerung.
In Täbingen, einem kleinen Bauerndorf zwischen Balingen und Rottweil, wohnten in zwei Gasthöfen unsere langjährigen Weinherren. Sie bezogen schon Jahrzehnte ihren Jahresbedarf an Fellbacher Trollinger jeweils im Herbst ab Kelter und natürlich im Fass. Ein vertrauensvolles Verhältnis zwischen dem Wengerter und seinem Weinherren zahlte sich in Kundentreue aus. Und diese Harmonie stimmte bei uns. Deshalb war es auch nicht verwunderlich, dass beim Laden des „Neuen" im Herbst die Einladung erging: *„Der Bua soll doch uff da Wenter a paar Tag ge Täbenga komme"*. Und so begleiteten mich schließlich die Eltern in den ersten Januartagen des Jahres 1938 auf den Bahnhof. Etwas besorgt, dass doch hoffentlich dem Bua nix passiert, drückte mir die Mutter das

Lichtstube – Der „Löwe" in Täbingen

Billetle nach Dotternhausen in die Hand. Es dämmerte bereits als mich der Schaffner dort entließ. Vor dem Bahnhof stand ein Pferdeschlitten. Fest eingepackt in Decken fuhren wir unter dem Geläut der Pferdeglocken und dem fahlen Schein einer Erdöllaterne über Dautmergen nach Täbingen. Ein riesiges Bauernhaus mit Scheune, Gasthof und großem Saal waren für die nächsten Tage mein Domizil. Als ich noch am Abend erfuhr, dass einst Napoleon auf seinem Durchzug in diesen Mauern nächtigte, hatte ich unter den überwältigenden Eindrücken mit dem Einschlafen einige Mühe. War es doch auch die erste Nacht in meinem Leben in einem fremden Bett. Am nächsten Morgen erwachte ich am regelmäßigen Takt der Dreschflegel. Auch bei uns in der Scheune des Löwenwirts war an diesem Tag Dreschen angesagt. Dinkel lässt sich wegen dem hohen Anteil an Spreu schlecht mit dem Flegel dreschen. *„Dean deant mir walze",* erfuhr ich beim Kaffee trinken. Auf der großen mit Holzbohlen ausgelegten Tenne wurden die Dinkelgarben ausgebreitet und schon bald zog ein Pferd eine riesige mit Beton ausgefüllte Ringelwalze über die Scheunentenne. Während die Großen mit einer Strohgabel das Dreschgut immer wieder aufschüttelten, hatten wir Kinder die interessante Aufgabe, darauf zu achten, dass wenn das Pferd seinen Schwanz hob, die Pferdeäpfel oder gar Flüssiges in einem Eimer aufgefangen wurden. *„Heut abed ganget mr en d'Lichtstub zom Straßewarts-Gottlob"* kündigte Tante Rosa schon am Mittag an. Die Löwenwirtskinder Else, Lore, Wilhelm und Karl klärten mich auf, was das mit der Lichtstube auf sich hatte. Jeweils einmal in der Woche traf sich die Verwandt- oder Nachbarschaft den Winter über in einer Stube, dadurch sparte man neben den Heizkosten, Strom und Licht. Die Weibsleut drehten dabei das Spinnrad, die Mannen spielten Karten, die Kinder „Mensch ärgere Dich nicht" oder „Flohhopfen". Vor allem aber erfuhr man, was im Flecken passierte. Am meisten jedoch begeisterte mich der rauchgeschwärzte Kimmich, der riesige offene Rauchfang über dem Herd. Als dann der Gottlob auf einer vom Ruß imprägnierten Leiter dort hinaufstieg und von der Speckseite einen großen Lappen Kaminkäse (in Fichtennadeln geräucherter Schweinespeck) herunterschnitt, stand für mich die „Krönung der Lichtstube" bevor: Brataäpfel, Kaminkäse, Schiebelwurst und Holzbackofenbrot.

Von seriösem und weniger seriösem „Fahrendem Volk"

Es grenzt fast an Diskriminierung einen Filderkrautbauern in die Kategorie „Fahrendes Volk" einzureihen, doch wenn ich dies unter dem Prädikat „seriös" tue, wird man mir's hoffentlich verzeihen.
Wenn sich im Herbst die ersten Blätter färbten und die Nebel ins Land zogen, war es ein ungeschriebenes Gesetz, dass die Krautbauern aus der nahegelegenen Filderebene mit ihren Pferdegespannen und mit Spitzkraut vollbeladenen Leiterwagen durch die umliegenden Städte und Dörfer fuhren. Mit ihrem lautstarken „Filderkraut" boten sie eine Spezialität an, die früher in keinem schwäbischen Haushalt fehlen durfte. Es war einfach unvorstellbar, dass die Krautstande (entweder aus gebranntem Ton oder Holz) den Winter über leer im Keller stand. Wovon sollten auch die meist vielen Mäuler der Familie satt werden? Deshalb fanden auch die Anbieter meist regen Zuspruch, wenn sie ihre Krautköpfe in großen Weidenkörben an einer am Jöchle des Leiterwagens aufgehängten Waage abwogen. Zum Dank für das gemachte Geschäft grüßte dann der Krautbauer meist mit den Worten *„Ond verbrauchets g'sond!"*. Dort wo kein eigener Krauthobel zur Verfügung stand, dingte man den Krauteinschneider. Der hatte jetzt natürlich Saison und zog oft von Haus zu Haus. Das feingeschnittene Kraut wurde in der Stande fest eingestampft und kräftig mit Salz versetzt. Oben wurde es mit einem feinen Leinentuch und einem Holzdeckel abgedeckt und schließlich mit einem schweren Stein beschwert. Als beliebte Winterkost stand Sauerkraut mindestens einmal in der Woche auf dem Tisch. Ein- oder mehrmals im Ofenrohr aufgewärmt, soll es sogar noch besser schmecken. Zu einer echten Geschmacksverbesserung trug natürlich ein rechtes Stück vom Schwein, im Kraut mitgekocht, bei. Bezeichnend für die schwäbische Sparsamkeit, um nicht zu sagen Schlitzohrigkeit, ist nachfolgende Aussage einer schwäbischen Bäuerin: *„Wenn Du mi meine Küachla en Deim Schmalz bache lascht, no därfst Du drfür dei Bauchläpple en meim Kraut kocha."*
Wie ein Lauffeuer ging's von Zeit zu Zeit durch's Dorf: *„Passet uff – Zigeuner send wieder em Land!"* Draußen am See bei der Alten Kelter hatten sie meist ihr Lager aufgeschlagen. Nicht mit schweren Karossen wie heute, sondern mit Pferden und Planwagen zogen sie durch's Land. Schon rein äußerlich waren sie unverkennbar. Die Haartracht der

Frauen war meist tiefschwarz und lang, sie hatten tiefbraune Augen, große Ohrringe, knöchellange Röcke, und meist barfuss machten sie allerdings oft einen wenig gepflegten Eindruck. Wenn wir Kinder, von den Eltern gewarnt, in gebührendem Abstand sie beäugten, saßen sie abends mit Kind und Kegel am offenen Feuer. Darüber baumelte ein großer Kupferkessel und eine Geige sang gekonnt einen Czardas. Ein scheinbar freundliches Bild, gerade so wie ein Chorwerk das „Zigeunerleben" beschreibt. Doch nicht selten trog der Schein. Tagsüber boten die ach so ungeliebten Gäste ihre Dienste als Scherenschleifer und Pfannenflicker an, zogen mit offenen Augen durch die Gehöfte und das Dorf und erweckten nicht selten das Mitleid ihrer Mitmenschen. Dieses allerdings verebbte schnell, wenn am anderen Morgen die Tür am Hühnerstall aufgebrochen, der Hahn oder eine Henne fehlte und dazu noch der wohlgenährte Stallhase „Hansi" verschwunden war. Und wehe, man vergaß am Abend die zum Trocknen aufgehängte Wäsche abzunehmen, dann wanderten nicht selten die guten Stücke bei Nacht und Nebel in den Zigeunerwagen.

Erinnerungen an schwere Zeiten im Zweiten Weltkrieg

Auszug aus meinem Buch „Wenn die Maura schwätze könntet"

Vollbeladen mit Früchten des Ackers wie Kartoffeln, gelben und roten Rüben, Tomaten und Zwiebeln stand unser „Framo", ein Dreiradlieferwagen, startklar in der großen Garage meines Elternhauses. Es war Freitagabend und man schrieb den 31. August 1939. Mein Vater war stolz darauf, dass sein Marktfahrzeug endlich ein standesgemäßes Dach über dem Kopf hatte. Während er noch einige Körbe Hauszwetschgen dazu stellte, versuchte meine Mutter einen Eimer mit prächtigen Gladiolen in einer Nische auf der Pritsche unterzubringen. Es war Tradition, dass viele Landwirte in die nahegelegene Großstadt fuhren, um dort ihre Erzeugnisse anzubieten. Während die Großeltern mit ihrem Handwagen fast ausschließlich Kartoffeln im nahegelegenen Gablenberg und Gaisburg vermarkteten, ermöglichte es die zunehmende Motorisierung den Fellbacher Bauern auch weiter entfernte Gebiete mit einem breiten Angebot zu beliefern. So hatten meine Eltern in einem dichtbebautem Wohngebiet in Oberesslingen den Markt erobert. Dorthin wollten Vater und Mutter am frühen Samstagmorgen, um ihre Kunden wie gewohnt zu bedienen.
Um fünf Uhr früh, es wurde gerade hell, klopfte der Briefträger am Schlafzimmerfenster meiner Eltern: *„Eugen, stand uf, m'r hent Kriag, du muaßt eirücka, komm an die Haustüra, du muaßt den Stellungsbefehl selber onderschreiba."* Die Mutter weckte mich, den damals knapp zehnjährigen Buben, mit verweinten Augen und aus dem Lautsprecher unseres Volksempfängers verkündete eine Sondermeldung die Mobilmachung deutscher Soldaten. Im Osten, an der polnischen Grenze, hätten erste Kriegshandlungen stattgefunden, so endete die Hiobsbotschaft. Es wurde also über Nacht wahr, was da und dort in den letzten Wochen hinter vorgehaltener Hand geflüstert worden war: *„Wirst seha, mir kriaget bald wiedr Kriag!"*
Krieg, dieses unselige Wort! Vielen Menschen war die Zeit des Ersten Weltkriegs, die erst zwanzig Jahre zurücklag, noch in lebhafter Erinnerung und viele Wunden waren noch nicht verheilt. Mit einigen hundert Landsleuten musste sich mein Vater, damals vierzigjährig, in der Ziegelei Spingler in Winnenden stellen. Männer, vorwiegend aus landwirt-

schaftlichen Berufen, wurden im Laufe des Sonntags dort eingekleidet und einem Pferdelazarett zugeteilt. Am späten Montagabend konnte ich an der Fellbacher Bahnschranke dem Vater nochmals zuwinken, als er bereits uniformiert, zwischen Pferden im Eisenbahnwagen stehend, den Bahnhof mit Fahrtziel Westen passierte. Als ich zurückkam, saß die Mutter weinend in der Stube. Allein musste sie nun einen Stall voller Vieh versorgen. In den Weinbergen stand ein „Weinherbst" vor der Türe, der keinesfalls Anlass zum Frohlocken gab, da die Trauben in der Entwicklung und Reife weit zurück lagen. Das Dreirad, das bislang eine große Erleichterung beim Transport war, stand in der Garage, weil niemand von uns einen Führerschein besaß. Vor allem aber belastete sie die Sorge: kommt der Mann, der Vater, wieder heim?

Nach etwa acht Tagen kam per Feldpost die Nachricht, dass der Vater zusammen mit einigen Fellbacher Kollegen in Rhodt, einem kleinen Winzerdörfchen an der Pfälzer Weinstraße, einquartiert sei. Während die jüngeren aktiveren Soldaten überwiegend im Polenfeldzug eingesetzt wurden, übernahm die ältere Generation die strategische Absicherung im zweiten Glied hinter dem Westwall. Da in diesem Gebiet damals noch keinerlei Kampfhandlungen stattfanden, glich dieser Einsatz in der Pfalz eher einem Urlaub. Zuhause jedoch brach die Mutter vor Arbeit fast zusammen und konnte sich eigentlich nur mit den vielen Schicksalsgenossinnen trösten, denn täglich wurden mehr und mehr Männer jeden Alters zum Wehrdienst gerufen. Greise, Frauen und Kinder bebauten Äcker und Weinberge und brachten die Ernte in Scheune und Keller. Ein gutes nachbarschaftliches Verhältnis trug mit dazu bei, dass ausreichend Erträge erzielt wurden. Und das war wichtig, da unser Land zunehmend zum Selbstversorger wurde. Auf dem Rathaus erhielten Normalverbraucher und Schwerarbeiter jeweils verschiedene Karten zum Bezug von Lebensmitteln und Gütern des täglichen Bedarfs. Die im Milchhäusle abgelieferte Milch wurde rationiert und zugeteilt. Ähnlich wie im Ersten Weltkrieg griff die aus der Not geborene Hamsterei um sich. Die Währung verlor mehr und mehr an Wert und Kaufkraft. Kompensationsgeschäfte wurden aktuell. Beim Tauschen von Lebensmitteln gegen Sachwerte wie Kleider, Schuhe, Textilien und Haushaltgeräte, standen Wein und Schnaps immer hoch im Kurs. An der Ostfront wurde Polen in einem Blitzkrieg von achtzehn Tagen buchstäblich überrollt. Dass der Krieg damit aber schon zu Ende sei, konnte niemand glauben. Aufgrund der Tatsache, dass mein Vater damals bereits im einundvierzigsten Lebensjahr stand und als Landwirt zur Sicherung der Volksernährung zu Hause wichtig war, wurde er zusammen mit einigen Kollegen kurz nach der Jahreswende vorzeitig entlassen. Für meine Mutter und mich war dies das größte, wenn auch verspätete, Weihnachtsgeschenk.

Industrie und Handwerk erzeugten nur noch Güter für den Kriegsbedarf. Viele Frauen standen am Schraubstock und an der Drehbank. Die Arbeiter in den Mittel- und Großbetrieben der Industrie waren in drei Schichten Tag und Nacht tätig. Kriegsgefangene zunächst aus Polen, später insbesondere aus Frankreich, wurden dienstverpflichtet und in der Industrie und der Landwirtschaft eingesetzt. Sie wohnten in Baracken, unter anderem im früheren Sportheim auf dem heutigen Freibadgelände und wurden in Gruppen, von Wachleuten begleitet, zur Arbeitsstätte geführt.

Auch wir als Heranwachsende mussten zur Sicherung der Volks- und Heeresverpflegung Dienst tun. So war es beispielsweise Aufgabe der Schulen, aus der Feldflur Schafgarbe, Huflattich, Zinnkraut oder Schachtelhalm zu sammeln und auf der großen „Bühne" der damaligen Horst-Wessel-Schule (spätere Stauffenberg- und heutige Wichernschule) zu trocknen. Aus diesen getrockneten Kräutern wurde Tee zubereitet. In der stillgelegten Lehmgrube wurden Maulbeerbäume gepflanzt, deren Blätter von uns gesammelt, den Seidenraupen Nahrung boten. Da es seinerzeit bei uns noch keine synthetischen Fasern gab, war das Gespinst der Seidenraupe der einzige Rohstoff zur Herstellung von Fallschirmen. Die Kartoffel war als Grundnahrungsmittel unersetzbar und daher waren Höchsterträge wichtig. Die Kartoffelfelder wurden von Schülerkolonnen regelmäßig nach Kartoffelkäfern abgesucht. Wenn dabei mitunter ein Kartoffelacker mit einem Erdbeerfeld verwechselt wurde, lag es wohl daran, dass gerade auch das Fach Biologie unter dem Mangel an qualifiziertem Lehrkräften zu leiden hatte.

Zu leiden hatten wir Kinder zumindest in der Anfangsphase des Krieges wenig. Dies lag sicher auch daran, dass wir anspruchslos und genügsam erzogen waren. So gab es für uns auch schon vor dem Krieg allenfalls zu Weihnachten morgens Bohnenkaffee, ansonsten wurden wir mit einem Gebräu aus Zichorie und Malzkaffee großgezogen. Vom Essen von jeher nicht verwöhnt, überstanden wir diese harte Zeit des Krieges, wenn auch oft nur Kraut, Kohlrabi und Maisbrei auf dem Tisch waren.

Da bei Stadtbewohnern und kinderreichen Familien die Brotmarken nicht ausreichten, kamen Leute in Scharen, um auf den abgeernteten Getreidefeldern Ähren zu lesen. In den Wäldern wurde unter dem Laub nach Bucheckern gesucht. In der Ölmühle gab es dafür Bucheckernöl, das die geringe Fettration aufbesserte. Die Kontingentierung der Hauptnahrungsmittel in landwirtschaftlichen Betrieben erfolgte über Mahl- bzw. Schlachtscheine. Das Korn wurde in der Mühle und das Schwein vor dem Schlachten gewogen und registriert.

Da Not bekanntlich erfinderisch macht, kam es bisweilen vor, dass beim Tarieren des entleerten Schweinegatters versehentlich ein Amboss unter der Strohdecke für das gewünscht hohe Tara sorgte. Und wenn dem Polizisten bei seinem Kontrollgang beim Schlachten nicht klar zu machen war, dass es sich bei den zwei Schweineschwänzchen oder den vier Ohrlappen, die unglücklicherweise gerade dann an der Oberfläche im Kessel schwammen um ein biologisches Wunder handle, half bei dem hungrigen Polizisten nur noch eine ordentliche Portion „Schweinernes", die dann schnell unter seinem Amtsrock verschwand.

Die Mitgliedschaft in der Jugendorganisation des Dritten Reichs war Pflicht. Im Jungvolk und in der Hitlerjugend lehrte man uns, dass der Verzicht auf so manches ein wesentlicher Beitrag zum Sieg sei. Zu Weihnachten 1942, in jenem schneereichen Winter, in dem viele Soldaten im Russlandfeldzug im Schnee erstickten und erfroren, bekam ich von meinem Patenonkel die ersten Skier geschenkt. Ich erinnere mich noch sehr genau, wie mir auf dem Kappelberg von unserem Mitbewohner im Elternhaus die Grundbegriffe des Skifahrens wie Pflug, Stemmbogen usw. beigebracht wurden.

Am darauffolgenden Sonntag lud die HJ zur gemeinsamen Skiausfahrt ein. Nach dem Antreten auf dem Hof der Horst-Wessel-Schule übten wir den Sprechchor: „Volksgenossen, folgt unserem Beispiel, bringt Eure Skier zur Sammelstelle!". Mit diesem Aufruf zogen wir durch die Stadt und stellten schließlich alle Skier über 1,70 m unserer Wehrmacht zur Verfügung. So endete der gerade begonnene Traum vom Ski fahren schon nach einer Woche. Ohne Murren, sogar etwas stolz, vielleicht einem Soldaten im Osten damit das Leben gerettet zu haben, setzte ich mich wieder auf meinen Schlitten, schließlich hatte ich ja in meiner Tasche eine Bescheinigung, dass ich nach Kriegsende Anspruch auf ein Paar Skier aus Wehrmachtsbeständen hätte.

Zahlreiche Wagen und Pferde samt „Geschirr" wurden von der Wehrmacht beschlagnahmt. Aus Mangel an Betriebsstoff wurden viele Autos stillgelegt. Die absolut notwendigen Lastwagen wurden auf Antrieb mit einem Holzvergaseraggregat umgerüstet und als Sonderzulassung mit einem roten Winkel versehen.

Ab 1943 griff der Zweite Weltkrieg viel härter und fühlbarer in das örtliche Leben ein, als dies im Ersten Weltkrieg der Fall war. Die Ausweitung der Kriegsschauplätze in praktisch alle Himmelsrichtungen forderte in zunehmendem Maße Menschenopfer an allen Fronten. Auch wenn eine gezielte Propaganda unter Goebbels verstand, jedes versenkte feindliche Schiff und jede gewonnene Schlacht als Sieg darzustellen, wurden die Lücken in den Reihen unserer Soldaten doch deutlich sichtbar. So höre ich noch heute die herzzerreißenden Schreie einer Mutter, als ich damals dreizehnjährig, vor einem Haus in der Burgstraße stehen blieb und von den Nachbarn erfuhr: *„Bei Seibolds hot g'rad d'r Briafträger d'Nachricht bracht. D'r zwoet Bua au no – en oera Woch, jetzt hend se gar neamerds meh."*

Die Zunahme der Luftangriffe verlagerte das Kriegsgeschehen von den Fronten auch noch in die Heimat. Das zermürbende Heulen der Sirenen war die Ankündigung, dass in den nächsten Stunden neue Not und neues Elend hereinbrechen würden. Ob am helllichten Tag oder vor allem bei Nacht aus dem Schlaf aufgeschreckt, packte man beim Fliegeralarm seine wichtigsten Habseligkeiten und eilte in den Luftschutzkeller. Das Wichtigste und Liebste war für mich ganz ohne Zweifel meine Ziehharmonika, während meiner Mutter der Koffer mit allerlei „Schriftlichem" mehr am Herzen lag. Die Feuerwehr war bei Alarm dezentral in verschiedenen Stützpunktkellern untergebracht, und so radelte mein Vater pflichtbewusst zu seiner Gruppe in der Neuen Kelter.

Um den feindlichen Flugzeugen die Orientierung zu erschweren, wurde bei Nacht jedes Fenster gewissenhaft abgedunkelt, die wenigen Fahrzeuge auf der Straße fuhren fast gespensterhaft mit Tarnscheinwerferlicht. Am Fuße des Kappelbergs, südlich der Genossenschaftskelter, wurde ein großer öffentlicher Luftschutzstollen in den Berg getrieben. Dort, oder in privaten Schutzräumen, suchten die Menschen zu Hunderten Zuflucht.

Obwohl feindliche Geschwader fast täglich unsere Stadt überflogen, wurde Fellbach zunächst nicht von Luftangriffen heimgesucht. Stand man bei jedem Alarm auch murrend auf, so war man doch letztendlich froh, wenn wieder einmal nichts passiert und man mit dem Schrecken davon gekommen war. Kinder, die bis dahin den Ernst der Situation Gott sei Dank noch nicht so recht erfasst hatten, spotteten mit dem Vers

Kraut ohne Speck – abends bald ins Bett,
Arsch kaum warm: Fliegeralarm!

Die Lutherstraße nach dem Luftangriff am 2./3. März 1944.

Rechts ehemaliges Küferei-Anwesen von Opa Pflüger, heutiger Standort unseres Weinguts

War das Ziel der meist nächtlichen Angriffe in der näheren Umgebung, beispielsweise Pforzheim, Heilbronn oder gar Stuttgart, erhellte sich der Nachthimmel zunächst gespenstisch von abgeworfenen Leuchtschirmen, ehe das Inferno in Form von Luftminen, Sprengbomben, Phosphor- und Stabbrandbomben auf wehrlose Menschen niederging. Die Flakstellungen unserer Flugabwehr, ausgestattet mit Geschützen vom Kaliber 8,8 und auf unserer westlichen Gemarkung im Gewann Dietbach eingeschanzt, wehrten sich zwar heftig, konnten aber im Ernstfall nicht viel ausrichten. Der erste schwere Angriff, der wohl den Daimler-Werken im benachbarten Untertürkheim gelten sollte, traf in der Nacht vom 26. zum 27. November 1943 den alten engbebauten südlichen Teil von Fellbach. Zwanzig Wohnhäuser und fünfundzwanzig Scheunen brannten vollständig nieder, während zweiunddreißig weitere Gebäude stark beschädigt wurden. Da die Fellbacher Feuerwehr die vielen Brandstellen nicht alleine bekämpfen konnte, eilten ihnen vierzig Löschgruppen aus den Kreisen Waiblingen, Gmünd und Backnang zu Hilfe.
Während eines Luftangriffes auf Stuttgart in der Nacht vom 21. zum 22. Februar 1944 wurde Fellbach erneut in Mitleidenschaft gezogen, insbesondere im Bereich der Rommelshauser Straße, Karlstraße und Endersbacher Straße. Durch Luftminen und Sprengbomben wurden auch im Umfeld Fensterscheiben eingedrückt und Dächer abgedeckt. Die Ziegeleien hatten Hochkonjunktur, und wir, die älteren Schüler, waren tagelang zum Dachdecken dienstverpflichtet.
Am schlimmsten aber traf es Fellbach am späten Abend des 2. März 1944. Mehr als hundert Häuser und Scheunen lagen innerhalb kürzester Zeit in Schutt und Asche. In unserem Keller bebte der Boden, der Luftdruck drückte die Türen auf und überall zersprangen Fensterscheiben. Sobald der Bombenhagel nachließ, rannte ich hinauf in den Hof, um nachzusehen, ob es im Haus irgendwo brannte. Schließlich wagte ich mich hinauf bis zur „Bühne" und von dort aus stellte ich entsetzt fest, dass es mitten im Flecken überall brannte.
„I glaub', en d'r Ziegelstroß brennt's au!" (dort wohnten meine Großeltern). Mit diesen Worten rannte ich auch schon los. Schon in der Burgstraße stolperte ich über Trümmer und herabgerissene Leitungen. In der Luther-, Neuen- und Vorderen Straße brannten die Häuser beiderseits der Straße. In den Hausgärten im Scherbagäßle brüllte das an Bäumen angebundene Vieh. Wer laufen konnte, versuchte aus dem Flammenmeer zu retten, was noch zu retten war. Als ich atemlos beim Haus der

Großeltern ankam, standen beide weinend auf der Straße. Eben war der Giebel eines Nachbarhauses auf ihren Sohn, meinen Onkel, gestürzt, als er versuchte, mit einem B-Schlauch das elterliche Haus vor den Flammen zu retten. Auf seinem Dreirad, das hilfreiche Nachbarn gerade noch aus der Scheune retten konnten, fuhr man ihn zur Neuapostolischen Kirche. Im dortigen Keller war ein Notlazarett eingerichtet. Ohne das Bewusstsein wieder zu erlangen, verstarb er zwei Tage später im Krankenhaus in Waiblingen. Dort wo die Glut nicht alles verbrannt hatte, lagen Trümmer und Gassen am nächsten Morgen schneebedeckt wie unter einem gespensterhaften Leinentuch.

In der Frühe des 14. Oktobers 1944 (es war der Geburtstag meiner Großmutter) rasierte eine Luftmine in der Stuttgarter Straße zwei Häuser buchstäblich weg, deckte ringsum Dachstühle ab, drückte Wände und Fensterscheiben ein und forderte vier Menschenleben. Der Angriff war zwar klein, kam aber so überraschend, dass kein rechtzeitiger Fliegeralarm gegeben werden konnte.

Fünf Tage darauf stürzte ein von deutscher Flak abgeschossenes Flugzeug auf das Haus Nr. 21 in der Vorderen Straße (heutiges Weingut Häußermann). Dabei fanden drei Menschen im Keller den Tod. Als besondere Tragik stellte sich heraus, dass unter ihnen ein Fronturlauber war, der lange Zeit als vermisst gegolten hatte.

Der letzte Angriff auf Fellbach erfolgte am 9. Dezember 1944. Drei Sprengbomben zerstörten in der Cannstatter Straße zwei Häuser. Dabei ertranken im Keller 13 Menschen, weil alle Eingänge verschüttet waren und das Wasser von der getroffenen Hauptwasserleitung den Keller überflutete.

In der letzen Phase des Krieges, also im Frühjahr 1945, waren es weniger groß angelegte Luftangriffe, die Angst und Schrecken verbreiteten. Dafür rasten überraschend immer wieder Tiefflieger über Flur und Stadt, beschossen Fahrzeuge, Fuhrwerke, ja sogar Fußgänger. So wurde es auf den Straßen immer stiller, das Leben schien zu erlahmen.

Mehr und mehr lastete der Krieg auf Front und Heimat. Mit der Niederlage von Stalingrad wandelte sich das Kriegsgeschehen immer mehr zu unseren Ungunsten. Die angloamerikanische Invasion im Nordwesten Frankreichs überrollte unsere Armee und in der unendlichen Weite Russlands setzte schlagartig der Rückzug der deutschen Truppen ein. Selbst zu diesem Zeitpunkt versuchte die Parteileitung über Rundfunk und örtliche Presse der Bevölkerung nach wie vor von deutschen Erfolgen an der Front zu berichten. Begreiflicherweise rückte jedoch die öffentliche Meinung mehr und mehr von den Ideen der Partei ab. Von gegnerischen Flugzeugen abgeworfene Flugblätter verkündeten den Ernst der Lage. Die Erkenntnis, dass weitere Anstrengungen vergeblich seien, setzte sich in der Bevölkerung immer mehr durch. Angst und Sorge wuchsen, als sich der Kriegsschauplatz sowohl von Osten als auch von Westen den Grenzen unseres Landes näherte.

Als letzten Akt der Verzweiflung ließen die Parteifunktionäre an den Hauptzufahrtsstraßen und -wegen unserer Stadt Panzersperren errichten. Da niemand wusste, was diese letzen Tage des Krieges bringen würden, wurden an geeigneten Stellen in der Feldmarkung vorsorglich Notstollen errichtet. Als offensichtlich die letzten Kriegstage angebrochen waren, sah man immer wieder kleinere Trupps von müden und bedauernswerten deutschen Soldaten aller Waffengattungen, aus westlicher, nordwestlicher und nördlicher Richtung kommend, durch Fellbach ziehen. Sie wollten den sinnlosen Befehl, sich in südliche Richtung abzusetzen, noch pflichtgemäß ausführen. Ich selbst sollte mich, damals gerade fünfzehnjährig, beim Wehrertüchtigungskommando in Endersbach „stellen". Mein Vater unterschlug mir jedoch diesen Stellungsbefehl. Eine ganze Reihe „dienstwilliger" Schulkameraden hingegen wurde von Parteifunktionären und dem kläglichen Rest einer einst so stolzen Wehrmacht noch auf die Schwäbische Alb und zum Teil auch ins Allgäu verschleppt.

In der Nacht vom 21. zum 22. April wurde der Ostrand der Stadt, vor allem zwischen der Eisenbahnlinie und der Schorndorfer Straße, durch amerikanische Artillerie von Waiblingen her mehrere Stunden lang beschossen. Der Sachschaden blieb gering, auch wurden keine Menschen verletzt. Zu diesem Zeitpunkt war die Landeshauptstadt bereits von französischen Truppen eingenommen. Fellbach lag also einen Tag im Niemandsland zwischen den Alliierten.

Am Sonntag, dem 22. April 1945, fuhren dann gegen Mittag die ersten amerikanischen Panzer und Jeeps in Fellbach ein. Meine Freunde, Ernst, Dieter und ich waren gerade dabei, im Raichberg, einem nahegelegenen Weinberg oberhalb der Alten Kelter, unser Kleinkalibergewehr, gut eingefettet und in einer Kiste verwahrt zu vergraben, als drei, noch voll ausgerüstete deutsche Soldaten, vom Kappelberg kommend, auf uns zugingen. „Bringt uns Zivilkleider, für uns ist der Krieg aus, wir wollen heim!" baten sie. Wir verstanden diese Bitte wohl und versprachen, sie zu erfüllen. Da inzwischen amerikanische Panzer auch durch die Unter-türkheimer Straße fuhren, verwiesen wir die drei „Flüchtlinge" in zwei

Weinberghäuschen, dort sollten sie auf uns warten. Die Stadt selbst wurde zu diesem Zeitpunkt vor dem Rathaus kampflos übergeben. Als Sofortmaßnahme wurde die Polizei entwaffnet, Lautsprecherwagen verkündeten die ersten Befehle. Waffen, einschließlich Munition, sowie Radio- und Photoapparate mussten abgegeben werden. Über die Stadt wurde mit Ausnahme der Zeit von 7.00 – 9.00 Uhr und 17.00 – 19.00 Uhr eine Ausgangssperre verhängt. Schließlich endete der Aufruf mit der Ermahnung: „Wer deutschen Soldaten zur Flucht verhilft, wird mit dem Tode bestraft."

Bis wir mit Kleidern, Brot und einem Fläschle Schnaps ausgerüstet waren, kamen uns die Soldaten schon bei einem damaligen Holzlager an der Alten Kelter entgegen. Dies war verhängnisvoll! Am gegenüberliegenden Gefangenenlager warteten rund hundert Männer verschiedener Nationalitäten sehnsüchtig auf ihre Befreier. Diese meldeten den Fluchtversuch deutscher Soldaten vorbeifahrenden Panzereinheiten. Als wir gerade dabei waren, in den beiden Weinberghäuschen die Uniformen gegen lumpige Arbeitskleidung und die Gewehre gegen alte Felghauen auszutauschen, setzte schlagartig MG- und Panzergranatfeuer ein. An der Westseite der Kelter waren einige Panzer in Stellung gegangen und beschossen die Weinberghäuschen am Kappelberg. Unser Glück war, dass der untere Bereich durch dichte Obstanlagen für die Amerikaner nicht einsehbar war. Mit den Worten „Gerhard, auf!" sprang mein Vater, der mich begleitet hatte, als erster aus dem einfachen Bretterhäuschen, nach kurzem Zögern folgte ich ihm. Wir stolperten querfeldein über Rebschenkel und „Schrägen". Über unsere Köpfe zischten MG-Garben und wir versuchten schnellstmöglich, über Hausgärten, Hecken und Zäune kletternd, unser Haus zu erreichen. Dort angekommen waren wir froh, dass das Feuer eingestellt und die Familie wieder vollständig war. Doch diese Freude währte nicht lange. Die drei amerikanischen Panzer stellten sich unmittelbar vor unserem Haus auf. Hinter verschlossenen Fensterläden erwarteten wir das Schlimmste. Als nach etwas einer halben Stunde die Panzer ohne jegliche Aktion wieder abrückten, war dieser erste direkte Feindkontakt gottlob ohne Folgen an uns vorbei gegangen. Während der erlaubten Ausgangszeit bemühten wir uns am nächsten Morgen die Spuren der Fluchthilfe zu verwischen. In einer zurückgelassenen Uniform entdeckten wir die Heimatadresse eines Landsers in Plattenhardt. Wie wir später erfuhren, kam dieser zwar heil in seiner Heimat auf den Fildern an, wurde aber wenig später von der dortigen französischen Besatzung nach Frankreich verschleppt.

Ehemalige Gefangene und Zwangsarbeiter, insbesondere Polen, Russen und Franzosen, nutzten die rechtsunsichere Übergangszeit und rächten sich durch unzählige Plündereien im gesamten Ortsbereich für erlittenes Unrecht. Bereits vor der Besetzung plünderten Ausländer, die in der Ziegelei an der Schaflandstraße untergebracht waren, den am Bahnhof gelegenen Weinkeller der Firma Rilling. Vom Hunger getriebene deutsche Bürger mischten sich unter die plündernden Horden und raubten in Nahrungs-, Einrichtungs- und Bekleidungshäusern was noch zu finden war. Häuser, Scheunen und Ställe wurden ausgeraubt. Wer Wertvolles, wie Schmuck, Wein oder Schnaps retten wollte, vergrub dies irgendwo in Kisten im Erdreich. Wir selbst legten bei Nacht und Nebel auch ein derartiges „Grab auf Zeit" im Hausgarten an. Anstelle von Blumen übersäten wir den Boden mit schnellwachsender Kresse. Während der kurzzeitigen Besetzung Fellbachs durch die Marokkaner war kein Huhn im Stall mehr sicher.

In der Alten Kelter war ein riesiges Lager an Heeresverpflegung, dort lagen tausende Papiersäcke mit Hafer. Unser späterer Nachbar Off sah dort eine Chance zur Versorgung seiner zwei Braunen und riss die Tür zum Haferlager aus ihren Angeln. Viele Fuhrleute, soweit sie noch im Besitz von Pferden waren, Landwirte bis hin zum Stallhasenhalter, alle holten Hafer. Dabei standen oftmals Kuh- und Ochsengespanne knietief in aufgeplatzten Hafersäcken. Menschen wurden zu Hyänen.

In diesem Zusammenhang muss ich den damaligen Stadtoberamtmann, Herrn Wilhelm Steimle, lobend erwähnen. Während die zur Verwaltung der Stadt eingesetzten Parteifunktionäre das sinkende Schiff allesamt verließen und sich nach Süden absetzten, war er es, der verhinderte, dass die aufgestellten Panzersperren geschlossen und dadurch die Stadt ohne großes Blutvergießen an die Amerikaner übergeben wurde. Insbesondere aber setzte er sich auch persönlich gegen die plündernden Horden zur Wehr. Mit den Worten: „Männer, heraus!" forderte er die Bürgerschaft zur Selbstverteidigung auf.

Die Verhandlungen mit der Militärregierung erforderten viel Fingerspitzengefühl. Dem großen Einsatz Herrn Steimles ist es zu verdanken, dass wir, obwohl wir als Verlierer der Willkür der Alliierten ausgeliefert waren, diese schlimme Zeit ohne bedeutenden Schaden überstanden. Allerlei Kriegsmaterial wie Eier- und Stielhandgranaten, Panzerfäuste, Stab- und Phosphorbomben lag zuhauf in Wald und Flur. Für uns Fünfzehnjährige war es ein willkommenes, aber gefährliches Spielzeug. Ich bin heute noch dankbar, dass bei dem häufigen Hantieren mit diesen Kriegshinterlassenschaften nichts Schlimmes passiert ist.

Diese schweren Jahre des Zweiten Weltkriegs und die Jahre danach haben viele Menschen, die diese Zeit erlebten, mitgeprägt. Gemäß dem Zeitgeist wurde die Jugend autoritär erzogen und Gehorsam war oberstes Gebot. Trotz körperlicher Schwerstarbeit waren Urlaub, Erholung oder Kur Fremdwörter. Ich selbst beispielsweise habe mit 17 Jahren zum ersten Mal die Berge der Alpen gesehen. Oft stellt sich mir die Frage, ob die Forderung nach immer mehr Freizeit und das unersättliche Verlangen nach Gestaltungsmöglichkeiten der heutigen Generation zum Segen oder zum Fluch wird. Ich jedenfalls weiß: wer schlechte Zeiten erlebt hat, lernt gute Zeiten zu schätzen.

Dass das Kriegsgeschehen in vielen unserer Familien Spuren hinterließ, kann und möchte ich nicht totschweigen. Sei es der Vater oder der ältere Bruder, der nicht mehr heimkam, sei es die Mutter oder die Schwester, die irgendwo in der Rüstungsindustrie zwangsverpflichtet wurden, sei es der Verlust von Angehörigen oder Eigentum durch Luftangriffe oder die kärgliche durch Lebensmittelmarken festgeschriebene Ernährung. So wurde die Tagesration eines Bürgers auf max. 1000 kcal festgesetzt. Sie bestand beispielsweise aus: 18 g Zucker, 9 g Kaffee-Ersatz, 18 g Teigwaren, 27 g Grieß, 35 ml Magermilch, 375 g Brot, 5 g Butter, 2 g Käse, 14 g Fischmarinade und 30 g Fleisch. All dies hat unsere Jugend mit geprägt.

Mit der „Schulentlassung" und dem obligatorischen „Verbrennen der Schulhefte" trennten sich naturgemäß die Wege liebgewordener Schulfreunde. Dabei vollzog sich der Einstieg in die Berufsausbildung fast zeitgleich mit dem Wiederaufbau zerstörter Städte und einer daniederliegenden Wirtschaft. Zwangsläufig erinnern uns die Bilder des Kosovo an die damalige Situation von zerbombten Häusern und Karawanen von Flüchtlingen.

So ist es auch nicht verwunderlich, wenn es damals auch einige von den „Unseren" hinauszog in eine bessere Welt wie Amerika, Australien oder Südafrika.

Langsam begann sich die Wirtschaft wieder zu erholen. Deutscher Fleiß und beharrliche Strebsamkeit verhalfen vielen wieder zu Erfolg und Ansehen.

Vertrieben von Haus und Hof

Ein hartes Schicksal traf rund 18 Millionen Menschen, die aus den deutschen Ostgebieten oft über Nacht vertrieben wurden. Ihre Vorfahren wanderten meist um 1800 nach Südrussland (Schwarzes Meer) und das Wolgagebiet bei Doratow aus.
Unter dem Zaren Nikolaus, dem Sohn der deutschstämmigen Katharina der Großen, wurde den „Auswanderungswilligen" Land, Vieh, Baumaterial und dergleichen kostengünstig angeboten. Die Bereitschaft zur Auswanderung aus Württemberg und vor allem aus Franken wurde durch eine Vielzahl von Fehljahren in der Landwirtschaft und die hier übliche Realteilung begünstigt.
Schwäbischer Fleiß schuf in den fruchtbaren Weiten Südrusslands in wenigen Jahrzehnten aus Steppe blühendes Bauernland. Ganze Kolonien pflegten das heimatliche Brauchtum, ihre Ansiedlungen trugen vielfach deutsche Namen.
Durch die russische Revolution 1918 wurden erstmals viele Zukunftspläne vereitelt.
Unter der stalinistischen Diktatur wurden bereits 1937 alle deutschstämmigen, arbeitsfähigen Männer von ihren Angehörigen getrennt und in Arbeitslager verschleppt. Die meisten von ihnen starben an Hunger oder an Krankheit. Im Zweiten Weltkrieg brach über die deutschen Menschen unsagbares Leid herein. Nach einem Abkommen mit Russland sollten die Deutschen Volksgruppen nach Deutschland zurückgeführt werden. In riesigen Trecks zogen sie im Winter 1940 / 41 nach Westen und wurden im Wartheland und in Westpreußen angesiedelt. Nach dem Zusammenbruch der Ostfront mussten sie nochmals ihre kleine Habe zurück lassen und zusammen mit vielen Leidensgenossen aus dem Ostblock die Flucht nach Westdeutschland antreten.
Für die ausgehungerten Menschen in den vielfach zerbombten Städten der alten Heimat bedeutete das Einströmen von etwa 12 Millionen Flüchtlingen eine außerordentliche Belastung.
Da der Wohnraum durch die Kriegseinwirkungen ohnehin schon äußerst knapp war, wurden viele in Baracken und Notlagern untergebracht, jede Dachkammer wurde belegt. Zwischen 1947 und 1956 stieg der Anteil der Vertriebenen alleine in Fellbach von 10,8 auf 18,8 Prozent an. Alle Einschränkungen und das „sich aneinander gewöhnen" verlangte von beiden Gruppen Verzicht und Kompromissbereitschaft.

Dabei sollten wir, die wir auf der Scholle unserer Väter bleiben durften, nie vergessen, welches Leid durch die Willkür einzelner Machthaber vielen unserer Mitmenschen angetan wurde.

Flüchtlingskolonnen von den Russen in den Westen vertrieben

Not macht erfinderisch

In der Landwirtschaftlichen Berufsschule wurden wir mehr schlecht als recht in die theoretischen Grundlagen landwirtschaftlicher Produktion eingewiesen. Die Schulräume waren, wenn überhaupt vorhanden, mit Lehr- und Anschauungsmaterial nur sehr dürftig ausgestattet. Vor allem aber fehlte es an qualifizierten Lehrkräften. Diese waren im Krieg gefallen, vermisst oder noch in Gefangenschaft.
Der mir so am Herzen liegende Weinbau wurde überhaupt nicht gelehrt, weil der einzige, der diese Befähigung gehabt hätte, der Weinbauberater im Reichsnährstand Eugen Wieland, noch nicht entnazifiziert war.
Wenn auch mit den Erzeugnissen aus der Landwirtschaft oder dem Weinbau mancher so dringende Bedarfsartikel eingetauscht werden konnte, so entstanden doch häufig da und dort Versorgungslücken und zwangen zur Suche nach Alternativen.
So sehe ich noch heute vor mir, wie mein Mitschüler Reichle aus Rommelshausen eines Tages mit seinem alten Fahrrad in die Berufsschule gerattert kam. Weil Schlauch und Decke absolut nicht mehr zu flicken waren, hatte er ein maschinengeflochtenes Strohband in die Felgen gelegt, es mit Bindedraht umwickelt, und so kam er nach dem Motto „Schlecht g'fahre isch besser als guat g'loffe" nach Waiblingen.
Mein heutiger Mitschwieger Gerhard Hummel, von Haus aus technisch versiert, erwarb mit seinem Freund Alfred Haußer, als beide von der Kriegsgefangenschaft nach Hause kamen, aus US Wehrmachtsbeständen je einen Jeep. Nach der Verkürzung des Radstandes bauten sie in Eigenleistung einen 12 PS Hatz-Dieselmotor ein und waren stolz darauf, Vorreiter der Industrie in der langsam anlaufenden Mechanisierung der Landwirtschaft gewesen zu sein.
Schuh- und Lederwaren waren noch selbst in den ersten Nachkriegsjahren absolute Mangelware. Deshalb galt es auch, das Vorhan-

Statt Decke und Schlauch ein eingelegtes Strohband

Hummels Eigenbauschlepper

dene möglichst lange zu erhalten. So wurden selbstverständlich unsere Arbeitsstiefel jeden Sonntag morgen zwischen Stallarbeit und Kirchgang auf etwa fehlende Schuhnägel untersucht. Fehlte zur Schonung des Absatzes ein „Eisele", so wurde dieses mit den ausgefallenen Schuhnägeln vom Vater auf dem sogenannten Dreifuß fachgerecht ersetzt. Ohne Widerrede wurden anschließend von den Kindern die gesamten Schuhe der Familie geputzt und mit Lederfett eingeschmiert.

Hausschuhe, fast nirgendwo käuflich zu erwerben, versuchte man in Heimarbeit selbst herzustellen. Als Grundmaterial diente der alte Flickenteppich oder geflochtenes Maisstroh. Auf der Sohle wurde zum Schutz vor Nässe ein Stück Leder aus einer alten Tasche oder einem alten Schulranzen ausgeschnitten und aufgenäht.

Unsere polnischen, russischen oder französischen Kriegsgefangenen zeigten uns, wie man aus selbstgemachten Holzschuhen seine Füße gegen das Frieren bei der winterlichen Feldarbeit schützt – Not macht erfinderisch.

Die alten Straßen noch, die alten Häuser noch, die alten Freunde aber sind nicht mehr

An einem Spätsommerabend, ich denke es war an einem Samstag oder Sonntag im August 1946 war ich mit meinem Freund und heutigen Schwager Dieter in der Eugenstraße verabredet. Auf dem Weg dorthin, es war von meinem Elternhaus ja nur ein Büchsenschuss, musste ich unwillkürlich an einem Gartenzaun stehen bleiben. Ich war ergriffen und fasziniert gleichermaßen. Auf einer Bank im Garten unseres Nachbarn Benzinger saß ein Männerquartett, alle schon vor dem Krieg gute und aktive Sänger des Gesangvereins „Vorwärts". Sie sangen einem Freund, der gerade erst zerlumpt und abgemagert aus russischer Gefangenschaft entlassen worden war, das Lied „Die alten Straßen noch". Dieses Lied hört man heute noch gelegentlich. Ich selbst habe es schon oft gesungen. Doch nie mehr in meinem ganzen Sängerleben hat mich dieses Lied so bewegt und beeindruckt wie an jenem Sommerabend.
Von den Millionen junger Menschen, die auf den verschiedenen Kriegsschauplätzen ihr Leben einsetzten, kamen viele nicht mehr in ihre Heimat zurück. Nach jahrelanger Trennung von ihren Angehörigen, nach den unsagbaren Strapazen eines Krieges oder der Gefangenschaft liegen sie unter fremder Erde oder schlummern irgendwo auf dem Meeresgrund.
Nicht selten traf dieses Schicksal den Vater und den Sohn oder zwei Brüder aus einer Familie. Manche Mutter oder Braut muss bis heute mit der zermürbenden Ungewissheit des „Vermisstseins" leben.
Dass es in den Wirren des Krieges auch einmal zu Falschinformationen kam, schildert folgender Bericht.
Bei meiner eigenen Verwandtschaft, der Familie Fritz Pfander, traf Ende November 1943 die Nachricht des Kompaniechefs ein, dass ihr Sohn, der Unteroffizier Albert Pfander, am 1. November 1943 von einem Spähtruppunternehmen nicht mehr zurückgekommen und bei Ernostajewka gefallen sei.
Am 2. Januar 1944 fand in der damaligen Hermann Göring-Halle die Trauerfeier statt (siehe Anzeige) und mit Datum vom 13. März 1945 wurde von der Wehrmachtsauskunftsstelle in Saalfeld / Saale der Sterbefall bestätigt und die Sterbeurkunde ausgestellt.

Kp. Gef. Std., den 4.11.43.

Sehr geehrter Herr Pfander!

Leider habe ich die traurige Pflicht Ihnen mitzuteilen, daß Ihr Sohn, Unteroffizier Albert Pfander, am 1. November 1943 bei einem Spähtruppunternehmen jenseits des Dnjepr für die Ehre und Freiheit Großdeutschlands gefallen ist.

Er fiel wie ein Held zusammen mit drei Mann seiner Gruppe. Umgeben von einer erdrückenden Übermacht, verteidigte er sich mit seiner Maschinenpistole bis zum letzten Schuß. Ein Gewehrschuß aus unmittelbarer Nähe machte seinem tapferen und in jeder Weise vorbildlichen Leben ein Ende.

Ich kann den tiefen Schmerz Ihrer werten Gattin und von Ihnen, wie aller derer, die ihn kannten, nachfühlen und spreche Ihnen mein aufrichtiges Beileid aus zu diesem schweren Verlust. Auch die Kompanie verliert in ihm einen der besten Unteroffiziere und einen guten Kameraden, der uns in frohen und ernsten Stunden immer wieder durch seine frohe Lebensauffassung erfreute.

Er hat seinen Soldaten nicht nur als Führer vorgelebt, sondern auch vorgestorben. Sein Heldentod wird für uns ein Mahnmal und er selbst unvergessen bei uns sein. Seinem heldenhaften Vorbild werden wir alle nacheifern und unser Leben genau so für die Ehre unseres Vaterlandes hingeben. – Heil Hitler!

Tauner, Lt.
u. Komp.-Führer

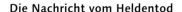
Die Nachricht vom Heldentod

Fellbach, den 28. Dezember 1943
Schwabstraße 29.

Im Osten fand in höchster Pflichterfüllung den Heldentod

Uffz. Albert Pfander

Motorscharführer der HJ.

⚡ 24. 9. 1920 – ✝ 1. 11. 1943

In tiefer Trauer

Familie Fritz Pfander
mit Angehörigen.

Gedenkfeier am 2. Januar 1944, 11 Uhr, in der Hermann-Göring-Halle

Aus Krieg und Gefangenschaft heimgekehrt – zuhause liegen die eigene Todesanzeige und die Sterbeurkunde auf dem Tisch

NSDAP. ORTSGRUPPE FELLBACH-WEST, -OST
HITLERJUGEND STANDORT FELLBACH

Gedenkstunde

für unsere im Kampfe gegen den Bolschewismus
gefallenen Kameraden

Scharführer der HJ.
LEUTNANT W. HERMANN VONDERKLEIN

Scharführer der HJ.
UFFZ. ALBERT PFANDER

am Sonntag, den 2. Januar 1944 um 11 Uhr
im Feierraum der Hermann-Göring-Halle

Trauermusik: Streichquartett
Sprecher: Auf ein Grab . .
    Es ist unser heiliges Wissen . .
Chor: Nichts kann uns rauben . . .
Sprecher: Du Deutschland wirst bleiben . . .
Gemeinsamer Gesang: Heilig Vaterland . . .
Musikstück: Streichquartett
Gedenkrede: Ortsgruppenleiter Holzmann
Musik: Ich hatt' einen Kameraden . . .
Sprecher: Ihr Vermächtnis.
Chor: Nun laßt die Fahnen fliegen . . .

Conradi-Erhardt, Fellbach   Liedertexte umstehend!

Die Grabstätte unseres Verwandten, dem 20jährigen Gebirgsjäger Eberhard Pflüger in den französischen Alpen

Am 7. November 1945, dem Hochzeitstag der Eltern, stieg ein auf 60,5 kg abgemagerter junger Mann in Fellbach an der Endhaltestelle aus der Straßenbahn, in zerlumptem Kittel, mit auf den Namen Albert Pfander ausgestellten und von einem russischen Militärgericht unterzeichneten Entlassungspapier. Auf dem Weg zum Elternhaus wurde der „Totgeglaubte", wenn überhaupt erkannt, mit den Worten begrüßt: *„Albert, des ka doch net sei, Du bisch doch vor zwoe Jaohr g'falle".*
Auf dem elterlichen Wohnzimmerschrank stand das Bild eines strammen Unteroffiziers und ein abgemagerter junger Mensch las zu Tränen gerührt neben den überglücklichen Eltern seine eigene Traueranzeige. Ist es die Ironie des Schicksals, dass ich gerade heute, am 2. Januar 2003, exakt 60 Jahre nach der Trauerfeier, im Beisein des 83jährigen Veteranen Albert Pfander diese, seine Geschichte, zu Papier bringe?

Eine Treibjagd mit besonders ergiebiger „Strecke"

Kriegsbedingt erlebte das heimische Wild über Jahre hinweg Schonzeit. Daher vermehrten sich Hasen, Füchse und Rehe in Wald und Flur besonders stark.
Im Winter 1945 / 46 kam es dann erstmals wieder zu einer Treibjagd. Unter der Regie und Aufsicht von Offizieren der Besatzungsmacht wurde zum Halali geblasen. Einige Jäger aus der Vorkriegszeit wie Heinzelmann, Mack oder der Rommelshauser Gemüsehändler Waidmann, alles „alte Hasen", waren als Orts- und Sachkundige nach langer Abstinenz wieder in ihrem Element.
Der Obertreiber, d'r Hessa-Fred, wurde beauftragt eine Reihe von Treibern auszumachen. Dabei wurde er unter uns Wengertersbuben bald fündig.
An einem kalten Dezembermorgen fuhren dann fünf oder sechs Jeeps mit uniformierten Amis, der zweieinhalb Zentner schwere Heinzelmann mit seinem Jagdkollegen Mack im „Kleinen Dixi" und wir elf Treiber auf Heid's Dreirädle in Richtung Rommelshausen. Dabei war sich die Besatzung des Framos schnell und schon am frühen Morgen einig, dass wir den Amis die Beute nicht bedingungslos in den Schoss jagen sollten. Um das bescheidene Treibergeld in Naturalien aufzubessern, wurde ein gewisser Schwund der Beute schon vor Jagdbeginn unter uns beschlossen.
Nach der Einweisung begann das Kesseltreiben an den Rommelshauser Weinbergen, in einem zweiten Abschnitt wurden die ortsnahen Äcker und zum Abschluss die Wiesen am Beibach durchkämmt.
Das Hussasa der Treiber wurde immer öfter von den Salven der Jagdgewehre übertönt, dem häufigen Weidmannsheil der deutschen Jägerminderheit folgte gelegentlich das o.k. für einen amerikanischen Zufallstreffer. Mein Freund Ernst und ich wurden zum Transport der erlegten Hasen aus dem Gelände abkommandiert. Waidgerecht mit durchkreuzten Hinterläufen trugen wir an einem Pfahl aufgehängt, jeweils acht bis zehn Hasen querfeldein.
Da das Feld bekanntlich Augen hat, bedurfte es einer geschickten Absprache zwischen uns beiden, wenn wir unbemerkt den Pfahl um ein Langohr erleichterten. *„Ernst, an d'r nächschte Furch stolpersch Du ond solang Du uffstohst, streif in en Haas vom Pfahl en d'Furch nei, jo ond Du*

merksch D'r fei dean Acker, dass mir onser Beute heit Nacht au no fendet."
Dieses Zwiegespräch wiederholte sich im Laufe des Tages einige Male. Andere Treiber konnten das angeschossene Tier partout nicht finden, derweil verdrehte es, im Schutz einer Reihe Baumstützen versteckt, die Augen ein letztes Mal.

Beim Abladen der „Strecke" von Waidmanns LKW in dessen Waschküche verschwand nochmals ein Meister Lampe hinter dem Fahrersitz im Dreirädle. Damit war das von uns angestrebte Soll, pro Treiber ein Hase, erfüllt.

Wenngleich die Ausbeute des Tages mit 85 aufgehängten Hasen und elf Füchsen nicht schlecht war, kam beim Abschluss in der „Römer Sonne" richtiges Jägerglück nicht auf. Dies mussten auch die etwas schuldbeladenen Treiber spüren. Anstelle eines sonst üblichen Jagdessens gab es für uns nur belegte Brote. Gegen 20.00 Uhr verließen wir schließlich die gastliche „Sonne", wohlwissend, dass wir mit dem Einsammeln unserer „Strecke" noch ein gutes Stück Arbeit vor uns hatten. Doch der Vollmond und die Tatsache, dass wir zum Jagdabschluss nur Rhabarbersaft bekommen hatten, begünstigte unser Treiben. Auf der Rückfahrt aus Richtung Endersbach kam die spontane Anweisung an den Fahrer am Mühlweg rechts abzubiegen. Doch oh je, er nahm die Kurve etwas scharf und bald lagen Treiber und Hasen bunt gemischt neben dem umgestürzten Dreirad. Der Schnaps und die leuchtenden Augen der „Mühle Mädle" in der Beinsteiner Mühle ließen diesen kleinen Zwischenfall allerdings schnell vergessen.

Die anschließende Standpauke ob der späten Heimkehr im „Siehdichfür" fand dann, angesichts eines Prachtexemplars von Meister Lampe, ein versöhnliches Ende.

Zeltlager Nordalb

Die namhafte Unterstützung der Siegermächte, insbesondere der USA, ermöglichte dem CVJM im Spätsommer 1946 ein Zeltlager auf der Nordalb bei Deggingen anzubieten. Da meine Freunde bereits das Ja ihrer Eltern zur Teilnahme in der Tasche hatten, musste wohl oder übel auch mein Vater auf die Mitarbeit seines Sohnes für eine Woche verzichten. Vollbepackt mit Rucksack und meiner Ziehharmonika als ständigem Begleiter, fuhren wir erwartungsvoll ins „Goißatäle". In Deggingen durften wir unser Gepäck auf zwei Pferdewagen verladen um anschließend auf steilen Waldwegen auf die Nordalb hoch zu fahren. Oben angekommen musste ich erstaunt feststellen, dass eines der beiden Zugpferde des zweiten Wagens bei der Auffahrt die Vorliebe für meine mitgebrachten „Gaißhirtle" erkannt und den halben Karton aufgefressen hatte.
Auf der Hochfläche war bereits ein kleines Dorf mit amerikanischen Wehrmachtszelten aufgebaut. Jeweils sechs bis acht Feldbetten pro Zelt boten uns Unterschlupf bei Wind und Wetter. Als „Klo" wurde in gebührendem Abstand vom Lager ein Donnerbalken über einer entsprechenden Grube aufgebaut.
Mit Gebet und biblischem Wort, mannigfaltigem Spiel und Sport, gemeinsamem Singen am Lagerfeuer, mit ersten Kletterversuchen an den Felsen der Nordalb, war das Tagesprogramm recht kurzweilig. Wechselweise wurden wir zum Küchen- und Spüldienst eingeteilt. Dank der Hoover-Speisung kam aus der Gulaschkanone Erstaunliches auf den Tisch. Bei einem Spaziergang hinunter ins Tal wurde uns in einem dortigen Café erstmals nach dem Krieg wieder ein „Eis" angeboten.
Ein Zeltschmuckwettbewerb erbrachte unserer Mannschaft den Sieg. Wir hatten auf einem großen Karton mit den verschiedensten Früchten und Pflanzen der Wacholderheide das Fellbacher Stadtwappen kunstvoll gestaltet. Unvergesslich wirkt das Stimmungsbild in mir nach, wie wir an einem lauen Sommerabend auf einem Felsen über dem Tal sitzend unsere Lieblingslieder wie „Heimat deine Sterne" oder „Der Mond ist aufgegangen" – wohlgemerkt mehrstimmig – in den Nachthimmel hinaussangen.
Diese Woche der ersten Ferien nach den ernüchternden und von mancherlei Entbehrungen geprägten Kriegsjahren sind mir bis heute

in Erinnerung. Dabei sollten wir nie vergessen, dass es die Siegermacht Amerika war, die diese Aufbauhilfe gewährte.

Tatort: Wengerthäusle

Auszug aus meinem Buch „Wenn die Maura schwätze könntet"

*Wia oft schao wohl en deare Zeit
hot's Schutz älls botta deane Leut,
mo g'flüchtet send vor Blitz ond Donner.
Wiaviel send do wohl nemma ommer?
Mo dort schao tronka hent ihr Krüagle Moscht
ond g'suacht hent nochama echta Troscht,
wenn's Wetter g'schla – oder verfrora.
Beim Hacke, Pfähle, beim Regola,
beim Spritza ond beim Erdatraga,
i sag's jo Leut, s'isch kaum zom saga.
Denk i so z'rück, ao schöne Zeita,
deant mir en d'r Erinnerong bleiba
dia guate Johrgäng – Spitzawei
mir fallet bald zwoi Dutzend ei,
hent mir probiert en deane Wend
d'rfür mir heut no dankbar send.
A weitrer Grond – wer suacht, der fendet –,
von jonga Pärle zweckentfremdet.
Hot's Häusle manchen Denscht schao dao,
d'rom moin i älls – m'r leant's halt stao.*
                                    Gerhard Aldinger

Nach meiner Konfirmation am 2. April 1944 trat ich anderntags, ausgerüstet mit Ledergamaschen und einer neuen blauen Schürze, eine Weinbaulehre in meinem elterlichen Betrieb an. Mit diesem neuen Lebensabschnitt vollzog sich naturgemäß auch die Abnabelung vom „Rock der Mutter". Das Umfeld der Freunde gewann mehr und mehr an Einfluss. Heute noch bin ich dankbar, dass wir, mein Jugendfreund und späterer Schwager Dieter, mein Nachbar und Spielkamerad Ernst und die beiden Oberdörfler Otto und Werner mit mir zusammen ein Quintett gebildet haben, das, wenn es darauf ankam, vor Einigkeit und Harmonie geradezu strotzte. Das Bild würde jedoch völlig verzerrt, stellte man sich unter diesem verschworenen Jugendkreis eine Reihe von Musterknaben vor. Allerdings setzten seinerzeit eine meist autoritäre Erziehung im Elternhaus und vor allem die Entbehrungen der letzten Kriegs- und Nachkriegsjahre manchem Tun engere Grenzen, als heute üblich. Vieles von alledem geschah, und das gibt ja bekanntlich erst den Reiz, heimlich. Deshalb steht in diesen, meinen Jugenderinnerungen, natürlich oft s'Wengerthäusle als Tatort im Mittelpunkt des Geschehens. Der Wunsch durch das Rauchen einer Zigarette die werdenden Männlichkeit zu dokumentieren, keimt wohl in jedem rechten Burschen einmal. Dabei macht die Beschaffung einer Zigarette heutzutage keine Schwierigkeiten mehr. Selbst der Schüler hat sein Taschengeld und die entsprechenden Angebote im Automaten sind vielseitig und für jeden erreichbar. Beides hatten wir seinerzeit nicht, weder Geld noch Zigaretten. Was wir hatten, war das Bedürfnis, auch einmal zu rauchen. Da Not bekanntlich erfinderisch macht, begnügten wir uns beim ersten Test mit Rebholz und das hatten wir genügend. Soweit ich mich erinnern kann, hielt sich zwar die Begeisterung in Grenzen, aber immerhin, wir hatten es einmal probiert.

Ein gesteigertes Erfolgserlebnis hatten wir beim zweiten Versuch im Wengerthäusle in der Pfeiferhalde, nahe dem alten Bergweg. Ernsts

Em Wengerthäusle – die Unzertrennlichen Ernst, Gerhard und Otto

älterer Bruder Rudolf hatte aus Vaters Schnapskolben im Keller eine Flasche heimlich abgefüllt und diese bei unseren Besatzern, den Amerikanern, gegen eine Stange Lucky Strike eingetauscht. Damit Ernst, der diesen Schwarzhandel aufgedeckt hatte, gegenüber dem Vater dicht hielt, gab's für ihn eine Schachtel als Schweigegeld. Und wie es sich bei echten Freunden gehört, wurde der Inhalt durch fünf geteilt und im besagten Häusle verqualmt. Zwar versuchten wir die Spuren durch kräftiges Waschen der Hände im Spritzbassin zu verwischen, aber offensichtlich doch nicht genügend, denn die Mutter empfing mich in der Küche mit fragendem Blick: *„Hosch Du g'raucht?"* Mein „Nein" quittierte sie mit der Aufforderung im Keller einen Krug Most zu holen. „Das ist meine Chance", kam's in mir auf. Ich sehe mich noch heute vor der „Krautstande" stehen. Das intensiv riechende Krautwasser sollte den Geruch der Zigaretten an den Fingern neutralisieren. Doch der handgestrickte Pullover wurde mir zum Verhängnis. Mit rotem Kopf gestand ich schließlich, was sich Stunden zuvor im Häusle in der Pfeiferhalde abgespielt hatte. Ob es die anschließende Moralpredigt oder das angeschlagene Allgemeinbefinden bewirkte, dass ich wie meine vier Freunde nicht zum Raucher wurde, ich weiß es nicht!

Wie schon mehrfach erwähnt, hatten wir, da wir ja landwirtschaftliche Selbstversorger waren, keine Hungersnot. Auf Süßigkeiten und Schokolade mussten wir allerdings verzichten. Schon als junge Burschen waren wir in der Kelter zum Pressen eingeteilt. Dass auf der dortigen Bühne zur Weinverbesserung eine ganze Reihe Säcke mit braunem Rübenzucker lagerte, entging uns natürlich nicht. Das Brotsäckle, am Vormittag noch Verpackung für's Schmalzbrot, war dann auch auf dem Heimweg prall gefüllt mit dem braunen Kristall. Da mein Freund Ernst zusammen mit fünf anderen Geschwistern und der Oma in einer Großfamilie aufwuchs, wurde ihnen eine beschränkte eigene Butterherstellung erlaubt. Auch ohne qualifizierte Ausbildung zum Konditor wussten wir, was sich aus Zucker und Butter herstellen lässt: Karamel. Die Freunde hatten das Kanonenöfele im Wengertshäusle im „Pfad" schon kräftig angeheizt, als ich an jenem nasskalten Spätherbstabend, bewaffnet mit Mutters Bratpfanne und meinem Zuckersäckle dort eintraf. Ernst hatte das Butterfass der Mutter erleichtert und bald verschmolzen die beiden Raritäten in der Pfanne zu braunem Karamel. Jenem unvergesslich süßen Abend im Wengerthäusle folgte eine weniger süße Standpauke am Sonntag beim Mittagessen: Röstkartoffeln süß – einfach ungewohnt.

Laugabrezla, so frisch vom Ofa ond amol essa bis m'r g'nuag hent, das war nicht nur eine Erinnerung an die Vorkriegszeit, das war zugleich auch der Wunsch von uns damals gerade fünfzehnjährigen Burschen: „*M'r send airscht en d'r Mühle g'wea, meira Muader fallt des net uf, wenn i a rechte Guck voll Weißmehl hol."* Das waren die Worte von mir, dem Anführer zum Brezelfest. Auch Otto und Dieter glaubten, den Mehlvorrat der Muter heimlich plündern zu können. Ernst nutzte seinen Vorteil aus, dass gerade vier Kühe unter Milch standen und setzte sich ausnahmsweise einmal schon vor der Zeit auf den Melkschemel. Werners Eltern, Mitinhaber eines Elektrogeschäfts, hatten keine oder kaum Verbindung zur Landwirtschaft. Er bekam im Rahmen einer gerechten Aufgabenverteilung den Auftrag, die Verhandlungen mit Bäcker Mäntele wegen einer Brezel-Sonderschicht zu führen und Milch und Mehl unbemerkt in die Backstube zu bringen. Wir fünf hatten keinerlei Verhältnis zur „Mengenlehre". Deshalb war die Überraschung natürlich groß, als am Samstagabend unser Brezelbua Werner mit dem Handwagen im „Pfad" vorfuhr. In zwei Papiersäcken warteten 120 Laugenbrezeln darauf, verschlungen zu werden. Des Brezelfests zweiter Teil am Sonntagnachmittag hatte fast noch ein Nachspiel. Niemand wollte zu Hause verstehen, warum wir beim abendlichen Vesper auf einmal überhaupt keinen Appetit hatten.

Bei der wechselweisen Einmietung im Wengerthäusle „Pfad" kam es auch zu Missverständnissen. Ernsts Bruder Rudolf „tagte" mit seinen Freunden auch sehr oft in diesen Wänden. Unter der Eckbank hatten wir den Bretterfußboden aufgesägt und im kühlen Erdboden ein Maugennest angelegt. Nach dem Motto: „Sei getrost, Du Gefangener, Dein Erlöser lebt noch", kam es schon einmal vor, dass ein paar Flaschen Wein dort übernachten durften. Groß war dann unsere Enttäuschung am nächsten Sonntag, wenn unsere Hamsterecke leer war, weil andere „Erlöser" schneller waren als wir.

Das Freizeitangebot, zeitlich begrenzt, weil Samstagsarbeit noch selbstverständlich war, gestaltete sich bei uns, den heranwachsenden Burschen „wechselhaft". Entweder gingen wir am Sonntagnachmittag ins Häusle und abends ins Kino oder zur Nachmittagsvorstellung ins Kino und abends ins Häusle.
Bei unserer Lieblingsbeschäftigung, dem Binokel oder Gaigel, war der fünfte Mann wechselweise Schriftführer. Meine Ziehharmonika, ein dia-

tonisches Knopfinstrument, war unser ständiger und beliebter Begleiter, denn wir sangen oft, gerne und gut. Unsere Literatur war breit gefächert und wechselte zwischen Volks-, Wander- und Soldatenliedern. Unser Paradestück war „Heimat deine Sterne". Gelegentlich begleiteten wir auf dem Kappelberg manches junge Pärchen zu seinen Frühlingsgedanken mit dem passenden Ständchen.

So wuchs auch in uns naturgemäß die Neigung zum anderen Geschlecht. Als dann gelegentlich einer mit der Ausrede „*I muaß heut abend mit meine Leut uf B'such*" unseren Fünferpack zu sprengen versuchte, waren wir anderen neugierig und vielleicht sogar neidisch. Einmal mehr rückte das Bänkle unter der alten Linde auf dem Kappelberg oder aber 's Wengerthäusle in den Mittelpunkt des Geschehens.

Kein Feuer, keine Kohle kann brennen so heiß

**Süß Liebe
liebt den Mai**

Ein Bursch und Mägdlein flink und schön
mit heissa und ha und juheissa trala
die täten durch die Fluren gehn
zur Maienzeit der wonnigen Blütezeit
wann Vöglein singen tirlirilirei,
wann Vöglein singen tirlirilirei
süß Liebe liebt den Mai,
süß Liebe liebt den Mai.

Das tausendfach besungene Glück der heimlichen Liebe, von der niemand etwas weiß, beflügelte nun mehr und mehr unseren Kreis der bislang so schüchternen Jünglinge. Da ich bereits mit 16 Jahren mit meiner Ziehharmonika die Landjugend beim Volkstanz begleiten durfte, entging meinen Augen natürlich nicht, wie schön doch die Liebe sein muss. Meine Eltern erdachten oder erhofften sich für ihren „Einzigen" sicher das eine oder andere Bauramädle, doch die Liebe geht bekanntlich ihre eigenen Wege. Diese führten mich zwar täglich zum Treffpunkt der bäuerlichen Jugend, dem Milchhäusle, doch unweit davon auch am Anwesen des Küfers Pflüger vorbei. Als dort von Tochter Anneliese mein fragender Blick vielversprechend erwidert wurde, schöpfte ich Hoffnung.

Das Tanzen in der Gesellschaft wurde nach dem Krieg langsam wieder „in". So boten die damaligen Tanzlehrer Rebmann und Straub Tanzstunden im Adler- und Rösslesaal an. In einer „Schnellbleiche" (verkürzter Unterricht) erlernten wir im Freundeskreis die ersten Schritte von Marsch, Foxtrott, Tango und Langsamem Walzer. So wie das Salz zur Suppe gehörte damals schon zum Tanzunterricht der Schlussball. Auf ihn wollten auch wir nicht verzichten, doch hatte leider nur einer von uns eine feste Partnerin. Also berieten fünf junge Burschen am Sonntag Nachmittag (es war der fünfte September '48) auf einem Bänkle am Kappelberg wo und wie man wohl passende Tanzfräulein finden könnte. Voller Zuversicht bot ich mich an, auf die Suche zu gehen. Mit den Worten *„i breng vielleicht glei zwoe"* machte ich mich auf den Heimweg, denn ich hatte Stalldienst. Ich weiß nicht, ob es meiner Mutter entging, dass ich mir an jenem Sonntag Abend zum Milch abliefern den neuen Trachtenjanker anzog. Mit etwas weichen Knien lehnte ich mein Fahrrad mit den beiden entleerten Milchkannen an Pflügers Hauswand. Am Wohnhaus, das damals nach dem Bombenangriff nur einstockig und mit einem Notdach aufgebaut war, klingelte ich. Rein äußerlich machte ich vielleicht einen couragierten Eindruck, doch in Erwartung des Kommenden bekam ich sicher rote Ohren.

Frau Pflüger öffnete und ohne zu stottern trug ich mein Anliegen vor: die Bitte, ob wir ihre beiden Töchter Anneliese und Lore nicht zu einem privaten Tanzkränzle in die Eugenstraße einladen dürften.

„Ha, do send doch onsere Mädle no viel z'jong", war die kurze aber bündige Antwort. Da ich anscheinend nicht den Eindruck machte, dass mich diese Absage befriedigte, durfte ich schließlich meine Bitte Herrn Pflüger vortragen. Dabei waren die Umstände von ihm einen positiven

Bescheid zu bekommen denkbar ungünstig: er lag von Brandblasen geplagt auf dem Sofa. *„Emma, woescht was, lass doch d'r Jugend ihren Lauf"*. Bei diesen Worten verrieten seine gutmütigen Augen unverkennbare Zuneigung. Unter der Haustüre durfte ich Anneliese, sie kam gerade von der Straßenbahn zurück, nicht nur von unserer Notlage, sondern auch vom „Ja" ihrer Eltern zum kleinen Tanzkränzle berichten. So wurde dieser Abend nicht nur für mich, sondern auch für meinen Freund und späteren Schwager Dieter, zum Ursprung glückseliger Tage einer jungen Liebe (mit zwoe Pflügers Mädle).

Weil bekanntlich alles, was heimlich geschieht, seinen ganz besonderen Reiz hat, bemühten auch wir uns, die gegenseitige Zuneigung nicht gleich offen zu zeigen und trafen uns heimlich. Dabei wurde in unserer beider Elternhaus eine gewisse Verhaltensänderung der Heranwachsenden sicher registriert. Da aber, wie man weiß, die Natur Augen hat, war unser Anonymitätsbemühen nicht lange erfolgreich. Als bei der Weinlese am Kappelberg der mit unserer Familie befreundete Albert Bauer mit seinem Lautsprecherwagen zwischen einigen Liebesliedern ins Mikrophon rief: *„Gerhard, soll i Deira Anneliese en Gruaß sage"*, brauchte man es anderentags nicht mehr in der Zeitung zu bringen: *„Dr Siehdichfür goht mit Pflügers Anneliese"*. In der Landjugend wurde natürlich mein außerstandesgemäßes Verhältnis kritisch beäugt. Zu Annelieses Geburtstag stand dann auch prompt – begleitet von einem eindeutig verfassten Gedicht – ein Melkschemel an der Haustür.

Auch in unserer beider Elternhaus löste die intimer werdende Verbindung nicht gerade eitel Freude aus. „Des Mädle muaß doch amol melke könne", war der Kommentar im Siehdichfür. Und in der Schmerstraße war doch dringend ein junger Küfer der Wunschkandidat. So hatten wir beide es nicht immer leicht, bis sich die anfängliche Abneigung im Laufe der Zeit in Sympathie umwandelte. Auch hier gilt: Was Du Dir erkämpfen musst, hinterlässt tiefere Spuren als ein Geschenk. Dankbar sind wir beide heute, dass unsere Eltern die positive Entwicklung von Familie und Betrieb erleben durften und ihr „Ja" zum Ganzen nicht zu bereuen hatten.

Mit 17 Jahren zum ersten Mal im Leben im Gebirge

Im November 1946 traf sich, nachdem einige Formalitäten von der Militärregierung schließlich genehmigt worden waren, die bäuerliche Jugend Fellbachs zum Zwecke der Wiedergründung einer Landjugendgruppe in der Turnhalle der kurz zuvor von Horst Wessel in Stauffenberg umbenannten Schule. Es war bekannt, dass der junge „Siehdichfür", obwohl erst 16 Jahre alt, recht musikalisch war und vor allem seine „Zieha" gut beherrschte. Und so wurde ich zusammen mit Gerhard Pfund zum musikalischen Leiter der Gruppe bestimmt. Zunächst widmete man sich dem schon vor dem Krieg gesteckten Ziel, der Pflege von bäuerlichem Brauchtum, insbesondere dem Volkstanz. Unser aktives Mitglied Robert Off (heutiger Senior des gleichnamigen Autohauses) arbeitete damals nebenberuflich im Autohaus Steigleder. Dort stand ein von einem Herrn Krötz aus Wehrmachtsbeständen erworbener alter Omnibus. Dieser sollte überholt und wieder fahrtüchtig gemacht werden. Robert Off stellte seinerzeit mit einigen Kollegen gegenüber dem Besitzer Herrn Krötz die Bedingungen: wenn er diesen der Landjugend zu einer Jungfernfahrt zur Verfügung stelle, würden sie in Nachtschichten den Motor überholen und den Bus wieder fahrbereit machen.
Und so kam es schließlich im August '47 zur ersten Fahrt ins Blaue. Mit einem „Komfort-Reisebus", ausgestattet mit Holzbänken, mit Brettern vernagelten Fensterscheiben und maroder Bereifung, fuhren 50 junge Burschen und Mädchen ohne festes Ziel in Richtung Alpen – und das wohlgemerkt für eine Pauschale von lumpigen 50,- Reichsmark. Ab Schongau versuchten die Verantwortlichen für die Gruppe Quartier zu machen. Die fast wertlose Währung der Reichsmark war nirgendwo Anreiz, ein Bett neu zu beziehen. Und so kamen sich die Bittsteller vor wie Joseph und Maria vor knapp 2.000 Jahren.
Erst als man die obligatorische Frage *„Was homm´s zu bieten?"* mit einem entsprechenden Weinangebot befriedigte, fanden wir schließlich alle in Unterammergau ein einfaches Quartier.
Die gigantische Bergwelt, die zerklüfteten Felsen der Partnachklamm, beeindruckten mich „Flachlandtiroler" gleichermaßen wie die riesigen, mit wertvollem Stuck und Gold ausgestatteten Kuppeln der Kloster-

kirche in Ettal und das schnuckelige Paradies König Ludwigs, Schloss Linderhof.

Schon für den zweiten Abend unseres Aufenthalts wurde im „Sonnensaal" ein Treff mit dem dortigen Trachtenverein vereinbart. Alpenländische Lieder oder Schuhplattler wechselten mit unseren Beiträgen „Wo's Dörflein traut zu Ende geht" oder dem „Schwedisch-Schottischem", einem fast schon perfekt einstudiertem Volkstanz.

Man muss sich einmal verinnerlichen, wie ein Siebzehnjähriger diese überwältigenden Eindrücke und Erlebnisse in ein paar Tagen aufnehmen und verarbeiten kann, wenn er in all den Jahren zuvor, davon weder gesehen, noch kaum davon gehört hat.

Mancherlei Überraschungen am Wegesrand, wie eine noch nicht wieder aufgebaute Brücke und ihre entsprechende Umleitung, die plattgefahrenen Reifen und das aussichtslose Achselzucken des Fahrers „Jetzt kann es no nemme flicka", trübten unsere Stimmung kaum. Als dann bei Leipheim auf der Autobahn ein lauter Knall den sechsten Defekt eines Reifens ankündigte, wurden die hinteren Zwillingsreifen entzwei. Während die Mädchen mit dem geschwächten Reifensatz weiterfahren durften, marschierten wir Jungen singend auf der Autobahn bis zur Raststätte Ulm West um von dort per Anhalter auf Ami-Lastwagen schließlich bis Möhringen zu kommen. Von dort ging's zu Fuß nach Fellbach. Daheim war man froh, dass schließlich alle wieder gesund im Elternhaus ankamen.

Drei Generationen Aldinger im Feuerwehrdienst

Gott zur Ehr – dem Nächsten zur Wehr

Seit der Gründung der Freiwilligen Feuerwehr Fellbach am 5. April 1889 gehören nunmehr fünf Generationen unserer Familie nahtlos dieser Selbstschutzorganisation an (Großvater, Vater, ich selbst, meine Söhne Gert und Markus, sowie die Enkel Hansjörg und Matthias). Wenn ich hier von Familientradition rede, ist dies daher sicher nicht übertrieben. Der Schutz des Eigentums einerseits sowie die besondere Gefährdung gerade landwirtschaftlich genutzter Objekte wie Scheunen und dergleichen, ließen diesen Dienst zur Selbstverständlichkeit werden.

So erinnere ich mich immer wieder gerne, wie mein Vater nach getaner Stallarbeit mit seinem Fahrrad am Sonntag Morgen in das „Magazin" in der Schmerstraße fuhr, um seiner Pflicht an der Übung oder Erprobung für den Ernstfall nachzukommen. Der Schauplatz bzw. das Übungsobjekt war damals ausnahmslos der Steigerturm beim Sportplatz in unmittelbarer Nähe meines Elternhauses. Erwartungsvoll stand ich dann natürlich unterm Hoftor und bei den ersten Pfeifentönen des Spielmannszuges rief ich der Mutter ins Haus: *„Se kommet!"*. Angeführt vom Tambour-Mayor Karl Rebmann und den pfiffigen Marschsignalen des Spielmannszuges folgten – selbstverständlich militärisch exakt – die beiden Löschzüge.

Während die Männer der Musik ihre Pfeifen und Trommeln dann im Kelterstüble der "Alten Kelter" strapazierten, war für uns Kinder das „auswändige" Besteigen des Turmes mit den Hakenleitern das Größte. Wenn uns dann nach dem Kommando „Wasser marsch" vom Steigerturm ein Wasserstrahl traf, besiegelte diese Feuertaufe den innerlichen Wunsch *„I gang au amol zor Feuerwehr"*.

Mit Ausnahme der Zeit im Zweiten Weltkrieg waren Großbrände in Fellbach Gott sei Dank relativ selten. Durch die sich ständig mehrenden Luftangriffe 1943 – 45 allerdings waren die wenigen Feuerwehrleute, die nicht an der Front waren, übermenschlich gefordert. Fast täglich, insbesondere auch zur Nachtzeit, heulten die Sirenen auf. Die einzelnen Löschgruppen waren dezentral in verschiedenen Luftschutzkellern untergebracht. Von dort aus fuhren sie im Brandfall mit selbst gezogenen Hydrantwagen zum Einsatz. Zur Unterstützung des örtlichen Wassernetzes wurden insbesondere im alten Ortsteil Löschwasserteiche angelegt. Auswärtige Wehrmänner kamen den überforderten Fellbacher

Kameraden beim Versuch zu retten, was zu retten war, zu Hilfe. Wie der Bruder meiner Mutter beim Löscheinsatz sein Leben lassen musste, berichte ich an anderer Stelle.

Nach dem Zweiten Weltkrieg hat sich das Feuerlöschwesen wieder normalisiert. Das „Magazin", der Fuhrpark sowie die gesamten Einrichtungen und Geräte zum Feuerschutz wurden sukzessive aktualisiert und auf den neuesten Stand gebracht. Den Anforderungen entsprechend, übernimmt die Wehr von heute zusätzliche Aufgaben im Bereich des vorbeugenden Brandschutzes und vor allem auf dem Gebiet der Menschenrettung im Straßenverkehr.

Eines gilt natürlich heute wie früher. Unter dem Motto: „Einer für alle – alle für einen" muss sich jeder Feuerwehrmann im Ernstfall unter selbstlosem Einsatz auf den nächsten verlassen können. Die Kameradschaftspflege wird in diesem Punkt schon eh und je vielfältig praktiziert, quasi als Vorleistung für den Ernstfall. So erinnere ich mich aus meiner 30jährigen aktiven Zeit auch an so manche schöne Stunde und stellvertretend möchte ich die Story mit dem

Leonberger Bock

wiedergeben.

Der Schwarze Adler in Leonberg

Der traditionsreiche „Schwarze Adler" war nicht nur die Geburtsstätte des ersten württembergischen Landtags, sondern sein Wirt der ersten Nachkriegszeit war weithin bekannt für hervorragende „hand g'schabte Spätzle". Dieses begehrte schwäbische Nationalgericht wurde dann auch bei einer „Nachübung" des zweiten Zuges im „Magazin" zum Diskussionspunkt. Schnell war man sich darüber einig, dass man diese Spezialität dort vor Ort einem Test unterziehen sollte. Gleich am nächsten Sonntag fuhren wir zu fünft in „Pflüger Hänsles" Opel Kombi erwartungsvoll gen Leonberg.

Im ersten Stock dieses gastlichen Hauses trafen wir auf den Kommandanten der dortigen Wehr, Herrn Bammesberger. Er war auch der damalige Inhaber des „Schwarzen Adler". Im Dialog mit dieser „Feuerwehrkompetenz" erfuhren und verglichen wir natürlich die jeweilige Unterstützung der beiden Stadtverwaltungen in Sachen Kameradschaftspflege. Dabei erzählte uns Bammesberger, dass auf sein wiederholtes Drängen und Bitten der Schultes sich schließlich bereit erklärt habe, zum kommenden Kameradschaftsabend einen abgängigen, potenzschwachen Bock aus der gemeindeeigenen Bockhaltung zu schlachten. Allerdings setzte er diesem Zugeständnis die Forderung voraus, dass er sich von besagtem Bock noch vorher lebend hier oben im „Schwarzen Adler" für seine treuen Dienste verabschieden wolle. Nachdem es bei der Feuerwehr ja nichts gibt, was es nicht gibt, holten seine Feuerwehrkameraden aus dem Bockstall das arme Tier, banden ihm einen Papierhelm auf den Kopf und führten ihn schließlich die Treppe hinauf zur Abschiedsveranstaltung in den „Schwarzen Adler". Und just dort oben, erfuhren wir weiter, hänge jetzt auf dem Dachboden der Bock zum sicherlich sinnvollen auslüften.

Unter uns Fellbacher „Feuerwehr Schlitzohren" begann es zu keimen: *„Der Bock muaß her".* Ein liebevoller Blick und ein entsprechendes Trinkgeld bei der Bedienung verschafften uns schon bald Zugang zum Dachboden. Ihre Bereitschaft, die Entführung mittels einer Wäscheleine zu unterstützen, ermöglichte uns schließlich das heimliche Abseilen zu nächtlicher Stunde. Mit dem Wunsch auf einen fröhlichen Kameradschaftsabend verabschiedeten wir uns von den ahnungslosen Kameraden und fuhren mit dem stinkenden Bock im Kombi zum Fellbacher Gerätehaus. Hoch oben im Steigerturm und umgeben von Fellbacher Höhenluft wollten wir dem Bock noch eine zusätzliche Auslüftungszeit gönnen.

Einrichtung einer Weckerlinie für die Feuerwehr.

Die Gemeinde richtet gemäß Beschlusses des Gemeinderats vom 20. ds. Mts. eine **Weckerlinie mit etwa 35 Stationen** ein.

Dazu sind **Männer notwendig, die am Platze arbeiten und bereit sind, dem zu errichtenden Löschzug**, dessen Angehörige an die Weckerlinie angeschlossen sind, **beizutreten.**

Wir fordern daher Männer auf, die regelmäßig zu Hause oder an einem sonstigen festen **Platze innerhalb der Gemeinde arbeiten** (insbesondere Handwerker aus den Kreisen der Sattler, Tapezierer, Schuhmacher, Schneider, Bäcker, Metzger, Schmiede, Schreiner, Schlosser und ähnliche Berufe, Inhaber von offenen Geschäften wie Kaufleute, Wirte u. ä., Arbeiter in Fabriken),

der Freiwilligen Feuerwehr Fellbach für den zu bildenden Löschzug

sich anzuschließen.

Zur vorbereitenden **Besprechung** laden wir auf nächsten

Samstag, den 24. März 1928, abds. 6 Uhr in das Gemeindehaus, Schmerstraße Nr. 1

ein und bitten um zahlreiches Erscheinen.

Bei der großen Wichtigkeit dieser Einrichtung für unsere Gemeinde in Bezug auf höchste Bereitschaft für den Kampf gegen Feuersnot dürfen wir hoffen, daß sich die erforderliche Zahl von Männern zur Verfügung stellt.

Fellbach, den 21. März 1928.

Der Ortsvorsteher: **Der Feuerwehrkommandant:**
Schultheiß Brändle.   Volzer.

Dieser Aufruf stand im „Fellbacher Tagblatt" am 21. März 1920.

Bekanntlich sind allerdings bei derartigen Anschlägen fünf Mitwisser zu viel. Und so erfuhr unser Feuerwehrkamerad und Inhaber der Feuerlöschgeräte Firma Barth, Wilhelm Ernst, von dem Leonberger Streich. Um sein Gewissen zu entlasten, gestand er schließlich seinem Kameraden Bammesberger die Bockentführung. Um den Burgfrieden wieder herzustellen, bot er gleichzeitig den nächsten Samstag, 11 Uhr zur „feierlichen Bockübergabe" an.

Pünktlich wie es sich für die Feuerwehr gehört, legte dann auch eine Gruppe der Leonberger Wehr am Samstag mit der mitgebrachten Drehleiter am Steigerturm an. Der Ton der Begrüßungsworte war allerdings nicht gerade kameradschaftlich und als der Steiger auf dem Schlauchturm anstelle des Bocks eine ausgestopfte Feuerwehrpuppe antraf, drohte die ganze Zeremonie zu eskalieren.

Auf den Boden der Tatsachen zurückgeholt, mussten wir „Schlitzohren" erleben, dass man anderenorts an Tricks auch nicht arm ist. So stellte sich heraus, dass in einer Nacht- und Nebelaktion und mit Hilfe eines Nachschlüssels eine Gruppe Leonberger „Aktiver" bereits am Freitag Nacht heimlich diese Umtauschaktion „Bock gegen Puppe" gekonnt inszeniert hatte. Was lernen wir daraus: Wer andern ein Grube gräbt, fällt selbst hinein.

Diese Geschichte hat Feuerwehrkameraden zu nachfolgendem Lied auf die Melodie von „*Auf dr schwäbsche Eisabahne*" veranlasst:

> *Leonberg im Schwabenlande*
> *hat auch eine wohlbekannte*
> *gute, tapfre Feuerwehr,*
> *ach die hatte ein Malheur.*

> *Kommandant und Kommodore*
> *kauften einst, auf dass er schmore*
> *in der Pfanne von Herrn Koch*
> *einen Bock, der nach was roch.*

> *'S war ein gutes, fleißges Tierchen,*
> *sein Geschäft ging wie am Schnürchen,*
> *selbst noch tot sah man ihm an,*
> *er hat seine Pflicht getan.*

*Und um den Geruch zu bannen,
dass er nicht stinkt aus den Pfannen,
hängt man ihn am hellen Tag
in des Adlers Taubenschlag.*

*Eines Tags im Schwarzen Adler
kamen auch noch andre Radler
von der Stadt des guten Weins,
saßen da und tranken eins.*

*Als die von der Sache hörten,
brüteten sie und verschwörten
sich sogleich an Ort und Stell':
Böcklein, Du wirst unser schnell.*

*Und man schlich auf leisen Sohlen,
um den Bock herab zu holen,
zu des Adlers Zinnen hoch,
Böcklein, Du wirst unser noch.*

*An der Wäscheleine munter
ließ man nun den Bock hinunter,
schleppten ihn mit Ach und Weh
in Hans Pflügers PKW.*

*Nach der Heimfahrt ohne Bangen
wird der Bock nun aufgehangen
in dem Steigerturm, juhe,
dass er auch mal Fellbach seh.*

*Leonberg, auch nicht von Pappe,
rächte sich für diese Schlappe,
holt den Bock bei Nacht, o Graus,
aus dem Steigerturm heraus.*

*Jetzt ist aus die Bockgeschichte,
fehlt noch, dass ich Euch berichte
wie's dem Böcklein weiter ging,
das im Schwarzen Adler hing.*

Neues Leben blüht aus den Ruinen

Die Militärregierung und der von ihr bestimmte Kommunalbeirat suchten zunächst Wieder- oder Neugründungen von Vereinen zu verhindern oder zumindest zu bremsen. Wer keinen Fürsprecher aus dem früheren kommunistischen oder sozialdemokratischen Lager hatte, tat sich hier besonders schwer. In Karl Bihler, dem späteren Vorstand des Männergesangvereins, hatte dieser einen Wegbereiter. Am 13. Mai 1948 durfte ich, damals 18-jährig, die Tradition meiner Vorfahren als aktiver und leidenschaftlicher Chorsänger fortsetzen. Die zahlenmäßig starke und engagierte Landjugendgruppe und der damalige Männergesangverein mit über hundert Sängern bildeten den Grundstock eines wiederauflebenden kulturellen Schaffens in unserer Stadt.
Dank der Initiative des dynamischen Bürgermeisters Dr. Max Graser befasste sich der nun wieder demokratisch gewählte Gemeinderat im Sommer 1948 mit dem Gedanken, ein Herbstfest in der Stadt zu veranstalten. In Dr. Erich Schlenker hatte die Verwaltung einen ideenreichen

1. Fellbacher Herbst – Meine Ziehharmonika war immer dabei

Berater auf kulturellem Gebiet. Er verstand es hervorragend, schon dem ersten Fellbacher Herbst im Jahre 1948 seine besondere Prägung zu geben. Der Ablauf mit dem Einholen der Festwagen, dem Festzug, der Altenehrung, ja selbst der von ihm vor über 50 Jahren festgelegte Prolog hat sich im Wortlaut bis heute erhalten.

Zum zweiten Fellbacher Herbst wollte man der Stadt und ihren Bürgern etwas Besonderes bieten. Am Samstag abend fand die Uraufführung des Fellbach-Spiels in der Stadthalle statt. Das Spiel, eine Bildfolge aus Vergangenheit und Gegenwart der Stadt – erdacht und niedergeschrieben von Fellbachern für die Fellbacher und ihren Fellbacher Herbst – brachte unter der Regie von Werner Veidt etwas für unsere Stadt vollkommen Neues.

Nachdem unsere Kommune bezüglich ihrer Geschichte nicht besonders reich gesegnet ist, war es für die Autoren des Spiels sicher nicht einfach, Fellbachs Vergangenheit faszinierend darzustellen. Das erste Bild spielte im Pestjahr 1627, als Fellbach sehr heimgesucht wurde und unter den Drangsalen der Zeit schwer litt. Der Hintergrund dieses Bildes ist historisch, die einzelnen Zahlenangaben, die es enthält, sind durch Kirchenbücher urkundlich belegt. Meine damalige Freundin und heutige Frau spielte in dem Stück die Seibold Bäuerin. Sie verlor in der Szene ihr viertes Kind. Da die Pest eine außerordentlich gefährliche und ansteckende Krankheit war und im Flecken an einem Tag oft mehrere Tote beigesetzt werden mussten, wurden die Leichen so einfach wie möglich und nur unter Teilnahme der nächsten Angehörigen beerdigt.

Das zweite Bild zeigt das Jahr 1801. Es ist das Jahr, in dem die alte Wehrmauer um die Fellbacher Kirche niedergerissen und an ihrer Stelle und aus ihren Steinen das Schulhaus errichtet wurde. Ich selbst, als ein Vertreter der Konservativen setzte mich mit den Worten *„Dia Mauer muaß bleiba"* für den Erhalt der Wehrmauer ein. Doch der Zeitgeist siegte. Man darf annehmen, dass der geistesstarke Pietist Bruder Schnaitmann (gestorben 1847) schon damals in den Kreisen der Hahnschen Gemeinschaft und darüber hinaus in dem immer religiös stark interessierten Fellbach großes Ansehen genoss. Neben ihm waren es Männer wie Pfarrer Kohler, Nikolaus Ferdinand Auberlen, der kurz danach der Lehrmeister Friedrich Silchers wurde, und Amtmann Fritz, der dazumal als Ortsvorsteher wirkte, in deren Hände das Schicksal Fellbachs gelegt war.

Das dritte Bild führte in die Gegenwart herein. Es hat also keine historische Bedeutung. Es zeigt als Hauptdarsteller den abgemagerten

Spätheimkehrer, der mit den Worten „Ischt des mei Fellbach" versucht, wieder in den Mauern seiner Jugend Fuß zu fassen, während auf der anderen Seite, William Aldinger, als Enkel eines nach Amerika ausgewanderten Fellbachers, bereits vor Ort nach seinen Wurzeln sucht. Das Spiel führt schließlich hinüber in eine frohe und herbstliche Stimmung und will damit zeigen, dass Fellbach, allen Leiden und Nöten zum Trotz, immer wieder den Weg nach vorne fand. Mit der Aufführung der Fellbacher Schnurre „En Fellbach, en Fellbach do sitzt mer gern beim Wei – ond wenn i net von Fellbach wär, möchte i von Fellbach sei", kam darin ein Stück Glaube und Zuversicht zum Ausdruck, der uns auch in der Gegenwart erhalten bleiben soll.

Wenn diesem Fellbach Spiel damals die erwünschte Resonanz versagt blieb, lag es mit Sicherheit daran, dass es vorwiegend die Dramatik der jeweiligen Zeitepoche widerspiegelte und gerade das wollte der Bürger nach so vielen Jahren von Not, Elend und Entbehrung nicht noch einmal miterleben.

Ich selbst bedaure es außerordentlich, dass dieses Heimatspiel trotz meiner mehrfachen Bemühungen später nie mehr aufgeführt wurde,

Fellbach-Spiel – knieend meine Frau Anneliese

ich bin überzeugt, dass dieses Stück nach Überarbeitung und einem aktualisierten vierten Bild heute unter der Bürgerschaft ganz anders aufgenommen würde, zumal unsere relativ junge Stadt mit ihrer Historie nicht gerade reich gesegnet ist.

Mit der Währungsreform am 18. Juli 1948 wuchs das Vertrauen zur D-Mark und ihrer Zukunft schlagartig. Bei einem Kopfgeld von 40,– DM begann es naturgemäß mit kleinen Sprüngen, doch die lange Abstinenz von manch begehrten Lebens- und Bedarfsartikeln reizte zum Kauf und brachte die Wirtschaft zunehmend in Schwung. Im Weinberg wuchs dank der guten Witterung, ein hervorragender Jahrgang heran. Mit 3,– DM pro Liter ab Kelter erzielten wir Wengerter ein sehr gutes Ergebnis. Mit dem Erlös wurde da und dort schon der erste Traktor oder zumindest eine Motorhacke angeschafft. Auch konnten die letzten Notdächer über den Ruinen entfernt und die meisten Häuser wieder aufgebaut werden. Man registrierte dankbar: es geht wieder aufwärts!

Mit Dr. Graser an der Spitze der Stadtverwaltung und einem engagierten Gemeinderat wurden rechtzeitig und tatkräftig die Weichen für die Entwicklung Fellbachs in der Nachkriegszeit gestellt. Immer darauf bedacht, die Eigenständigkeit der Stadt zu wahren, die Balance zwischen Handel und Handwerk einserseits, und der Landwirtschaft und dem Wein- und Gartenbau andereseits zu suchen und ein ausgeglichenes Verhältnis von Arbeitsplatz und Schlafstätte zu finden.

So bemühte sich Dr. Graser erfolgreich um die Ansiedlung von Industriebetrieben, wohlwissend, dass er damit die Steuerkraft der Kommune stärkte. Der erforderliche Wohnungsbau, auch im sozialen Bereich wurde durch die Gründung der „Fewog" forciert. Manches Äckerle im Hetzen, Rohrland oder im Kleinfeld wurde in der Fruchtfolge zum Bauplatz und schuf damit dem Bauern oder Wengerter mit einem Mietshaus die Absicherung einer Altersrente. Als Bilanz der ersten Nachkriegsjahre kann man Fellbach eine unverwechselbare Identität bescheinigen, um die sie viele Städte im Umland beneiden.

Was Wunder, wenn Erich Schlenker in seinen Fellbacher Schnurren mit folgendem Vers endet:

En Fellbach, en Fellbach,
do ben i halt drhoem,
ond nennat mir da schönste Ort
I tausch mit koem mit koem.

Trautes Fellbach 1962

Heimat

Als 1492 Christoph Columbus einen neuen Reiseweg nach Indien suchte und dabei mehr oder weniger zufällig Amerika entdeckte, machte sich zur gleichen Zeit in dem kleinen Dorf Aldingen a.N. ein gewisser Philipp Bentz (Kurzname für Benedikt) auf die weniger spektakuläre Reise über Oeffingen und Schmiden nach Fellbach. Er zinste noch im selben Jahr laut Lagerbuch aus dem Mackenlehen zu Fellbach, dabei gab er seinen Zehnten an die Uffkirche nach Cannstatt.
Wir müssen wohl davon ausgehen, dass dieser „Eindringling" im Flecken damals mit dem Namen der „Aldinger" belegt wurde.
Unsere derzeitige Großfamilie ist die 14., 15. und 16. Generation seit jenem Philipp Bentz. Dankbar dürfen wir vermerken, dass jeweils ein männlicher Nachkomme überlebte. Stolz sind wir auf jeden Fall darauf, dass 16 Generationen über 500 Jahre ihrem Beruf als Bauern und Weingärtner und ihrer Scholle am Kappelberg treu geblieben sind.
Beim Blick zurück auf den über 500 Jahre langen Weg unserer Wengertersippe gebührt denen, die vor uns waren unsere große Hochachtung. Sie trotzten Rückschlägen durch Seuchen, Pest, Krieg und Zerstörung, erlebten mancherlei Unbilden der Natur und waren nach Höhen und Tiefen immer wieder zum Weitermachen bereit.

Wenn ich selbst auch in meiner frühen Kindheit, vor allem in der Kriegs- und Nachkriegszeit, auf manches verzichten musste, so bin ich doch unserem Hergott dankbar,
– dass er uns und unserem Land nun schon über 50 Jahre den Frieden erhalten hat
– dass er mir mit meiner lieben Frau Anneliese eine Partnerin geschenkt hat, die mich nicht nur ertragen, sondern über all die Jahre getragen hat
– dass er uns mit unseren drei Kindern und sechs Enkeln Nachfolger gegeben hat, die in ihrem Beruf voll ihren Mann stehen und jederzeit der Großfamilie Halt geben
– dass er mir in meinem Leben viele liebenswerte Menschen und Freunde als Wegbegleiter und Berater in allen Lebenslagen an die Hand gab
– und schließlich danke ich, dass ich guten Gewissens, ja sogar mit Stolz erfüllt, zu meinem Fellbach „Heimat" sagen darf.

Danke

Dank sage ich:

Unserer Enkelin Tanja Mayer für die Bereitschaft zur Digitalisierung meines Manuskriptes. Ihre oft kritische Einstellung und Sorge über mancherlei Entwicklungen der Gegenwart und ihrer Gesellschaft wurde durch diese Arbeit sicher etwas relativiert. Sie versicherte mir: „Lieber Opa, dieser Rückblick auf Deine wechselhafte Jugendzeit war für mich eine echte Therapie – es geht immer weiter."

Unserem Oberbürgermeister Herrn Christoph Palm für die Würdigung in seinem Geleitwort.

Meinem persönlichen Freund, dem so bescheidenen Künstler Herrn Eugen Häfele, für die Gestaltung des Titelbildes.

Sowie für die Zurverfügungstellung des Bildmaterials:
– meinem Mitschwieger Gerhard Hummel
– der Familie Volzer, Trollingerstüble
– der Familie Schäfer, Fahrzeugbau, frühere Schmiede
– Herrn Dr. Beckmann vom Stadtarchiv
– Herrn Marhofer vom Presseamt der Stadt Fellbach
– der Firma Stuttgarter Hofbräu
– meinem Freund Otto Hofmeister
– der Fischer Mühle Endersbach – meinem Freund Männe Schwegler
– der Familie Albert Pfander
– der Stadtverwaltung Leonberg
– dem Feuerwehrarchivar H. Kuhnle

Schließlich bedanke ich mich ganz herzlich bei Frau Margarethe Pfander und Frau Dr. Arnold für die Durchsicht meines Manuskripts.